L'ÉLAN DU CŒUR

collection tempus

Claude POMPIDOU

L'ÉLAN DU CŒUR

Propos et souvenirs

Avant-propos
d'Alain Pompidou

PERRIN

Secrétaire générale de la collection :
Marguerite de Marcillac

12, avenue d'Italie
75013 Paris
Tél. : 01 44 16 09 00
Fax : 01 44 16 09 01

ISBN 978-2-262-07592-5
Dépôt légal : avril 2018

Mise en pages : Nord Compo

tempus est une collection des éditions Perrin.

Avant-propos

L'élan du cœur, publié dix ans avant sa disparition, déroule les propos et souvenirs de ma mère. Son insatiable curiosité n'a d'égal que son authenticité. Elles alimentent ce besoin permanent de repousser les limites de la vie quotidienne. Il s'accentuera avec la rencontre d'un jeune et brillant normalien, mon père, puis celle du général de Gaulle jusqu'à la fréquentation des principaux décideurs politiques et des créateurs de son époque.

Ce parcours d'exception n'entame ni sa capacité de discernement, ni son besoin de venir en aide autour d'elle. Il est lié à une personnalité en mouvement permanent. Cet itinéraire singulier méritait d'être rappelé par la réédition de cet ouvrage dans la collection « tempus ». L'initiative de Benoît Yvert lui offre ainsi un accès élargi et renouvelé.

Si Georges Pompidou reste très présent dans la mémoire des Français, son épouse, fidèle à sa mémoire, déplore le manque de références précoce des responsables politiques à son endroit. Cependant, plutôt que de lui consacrer un ouvrage, elle décide de témoigner sur son propre parcours et de partager plus largement ses réflexions sur l'évolution contemporaine.

L'introduction est, en elle-même, explicite : « J'ai donc préféré livrer ici quelques souvenirs de notre vie privée et de notre vie officielle et quelques propos sur la société telle que je la perçois à l'aune de mon expérience et de ma sensibilité. Chemin faisant, j'évoque l'éducation que j'ai reçue, [...] certaines rencontres qui ont été, pour moi, décisives, notamment dans le monde de la culture et de l'art et, bien sûr, j'y parle de ma Fondation à laquelle je me consacre depuis plus de vingt-cinq ans avec une passion toujours intacte ».

Le corps de l'ouvrage se compose de deux grands chapitres : « Propos » et « Souvenirs ».

Après avoir présenté sa jeunesse marquée par un goût prononcé pour la littérature, elle évoque sa vie personnelle liée à la nécessité de venir en aide aux enfants handicapés et aux personnes âgées grâce à sa Fondation. La devise en est tirée de Descartes : « N'être utile à personne, c'est n'être bon à rien ».

Cet engagement et les contraintes de la vie quotidienne n'estompent en rien le goût des voyages officiels ou personnels.

Aux États-Unis, elle rencontre Richard Nixon, en Union Soviétique, Léonid Brejnev, au Royaume-Uni, la Reine Elisabeth, en Afrique, les chefs d'État dont Léopold Senghor, condisciple de khâgne de Georges Pompidou. Elle s'implique dans son rôle d'ambassadrice de la mode française. Ultérieurement, l'ancienne « Première Dame » nous entraîne au Japon, en

Chine, en Inde, enfin au Moyen Orient dont les ruines antiques sont encore intactes.

Comme son mari, elle insiste sur la nécessité de protéger l'environnement et nous alerte sur le risque de « pollution morale ». « Nous sommes prisonniers de la modernité : des prisonniers révoltés, mais parfois consentants ». Prémonitoire, elle évoque l'explosion d'internet et s'interroge : « Le sacrifice de l'écriture serait-il le prix à payer pour le raccourcissement des distances entre les hommes ? » Ce chapitre se termine par des considérations sur l'art, la poésie, la musique et la compagnie des artistes. Tous ceux qui sont animés d'un génie créateur et qui font « voir le monde autrement » la fascinent et l'entraînent en même temps. De même, la mode qui, pour elle, représente une force de création. La succession de ces réflexions personnelles permet d'éclairer le chapitre des « Souvenirs ».

Après un hommage appuyé au général de Gaulle, « Il avait le génie et l'audace que celui-ci procure », elle revient sur la période de guerre, l'Occupation, puis le Cabinet du Général, la Banque Rothschild et les rencontres avec André Malraux, objets de discussions interminables sur l'art sacré et le sacré dans l'art…

Les événements de Mai 1968 lui offrent l'occasion de rendre hommage à la capacité d'analyse et à la détermination de son mari qui ont permis au Premier Ministre de réagir avec tact et d'éviter que la révolte ne dégénère en révolution. Il parvient ainsi à tenir le pays dans des conditions difficiles face à ce qu'il interprète à juste titre comme une « crise de société ». Malgré de lourds avatars politiques sur lesquels elle passe avec la pudeur qui la caractérise, il sera élu largement à la présidence de la République.

Claude Pompidou préfère se tenir en dehors de la vie politique. Avec son mari, elle supervise la rénovation des appartements privés de l'Élysée, confiée à l'architecte-designer, Pierre Paulin. Elle participe activement à la genèse controversée du futur Centre Georges Pompidou. Il sera situé, en plein centre de Paris, sur le plateau Beaubourg totalement désaffecté. Ce Centre pluridisciplinaire, décidé dès 1969, ne sera inauguré qu'en janvier 1977 grâce à la fidélité de Jacques Chirac et à la détermination de Claude Pompidou. Cette initiative, considérée comme quasi révolutionnaire, marque la vision anticipatrice de son concepteur : quarante ans plus tard, son succès est sans précédent.

Un tel contexte permet à Claude Pompidou de conserver à la fois indépendance et hauteur de vue.

Dans l'épilogue, elle évoque une mondialisation incontournable et la nécessité de construire l'Europe. Sans doute trop convaincue, elle n'anticipe pas les difficultés actuelles, mais le temps lui donnera, peut-être, raison.

Retenons, enfin, ces quelques commentaires : « Mon mari et moi, nous avons su conserver les vertus auxquelles nous étions attachés : la simplicité, la sincérité, le goût de l'amitié. La leçon que j'en tire, [...] c'est l'importance, pour tout être humain, de se donner des buts très tôt, de les poursuivre avec acharnement, sans jamais rien renier de sa morale, sans se laisser détourner par les facilités du temps ni décourager par les inévitables contrecoups du sort… ».

C'est par l'exemple et la force de ces propos que cet ouvrage reste encore d'une brûlante actualité.

Alain Pompidou
2 janvier 2018

« La liberté est la santé de l'âme. »
DELACROIX, *Journal*.

« Toute ma vie, ma seule force
aura été ma sincérité. »
MATISSE.

LIMINAIRE

J'avais tout d'abord entrepris d'écrire un livre consacré exclusivement à mon mari. Je sais en effet, par les nombreux témoignages que je reçois chaque jour, qu'il demeure présent dans le souvenir des Français, malgré le temps qui passe.

Des correspondants me parlent de lui, de son action politique ou culturelle. D'autres continuent, depuis sa disparition, à me faire part de leur souhait de baptiser de son nom une école, une route, un pont. Plus de vingt ans après, beaucoup font toujours mémoire de lui.

En même temps, je suis frappée par l'écart qui se creuse depuis quelques années entre sa forte présence dans l'esprit des Français et le manque de références, de la part des responsables politiques de tous bords, à son action et à son œuvre en tant que Premier ministre, de 1962 à 1969, puis de président de la République, de 1969 à 1974. On oublie qu'il a passé un quart de siècle auprès du général de Gaulle, dont il avait toute la confiance, depuis la Libération en 1944, jusqu'en 1970, année de la disparition du Général.

Je regrette ce silence, car l'image de Georges Pompidou risque de finir par s'estomper, surtout chez les plus jeunes qui n'ont pas pu le connaître alors qu'il était responsable de notre pays. Or pendant toutes ces années, il ne cessa d'œuvrer pour que la France se modernise, qu'elle défende sa culture et son environnement, qu'elle lutte pour l'emploi et qu'elle joue pleinement son rôle sur l'échiquier mondial, et notamment en Europe. Tout se passe comme si la mémoire collective de nos concitoyens avait assimilé cette action, en oubliant toutefois celui qui en fut l'auteur. Ce à quoi je ne puis me résoudre.

Il m'apparut néanmoins que mon projet d'écrire ce livre sur lui était une démarche prématurée, que trop de personnes chargées de fonctions importantes y seraient citées, ce à quoi je répugne. J'ai donc préféré livrer ici quelques souvenirs de notre vie privée et de notre vie officielle, et quelques propos sur la société telle que je la perçois à l'aune de mon expérience et de ma sensibilité.

Chemin faisant, j'évoque l'éducation que j'ai reçue, qui m'a donné le sens de certaines valeurs que je n'ai jamais reniées, certaines rencontres qui ont été pour moi décisives, notamment dans le monde de la culture et de l'art. Et bien sûr, j'y parle de ma Fondation, à laquelle je me consacre quotidiennement depuis vingt-cinq ans avec une passion toujours intacte.

Je n'ai consigné ces brefs propos que pour affirmer certaines convictions et rappeler quelques faits. Comme toujours, depuis 1974, par fidélité à la mémoire de mon mari.

PROPOS

1

Je n'aime guère parler de moi, et moins encore que d'autres parlent de moi. Mais, tout compte fait, je préfère me présenter moi-même, tant j'ai été stupéfaite, scandalisée parfois, par ce que j'ai pu lire ou entendre à mon sujet.

Au départ, rien dans mon éducation ni dans mon tempérament n'appelait que l'on se soucie de ma personne. J'avais été formée, au contraire, dans le culte de la discrétion et de la simplicité, et ma nature profonde est la pudeur. Mais le destin de mon mari impliqua que les journalistes, et donc leur public, s'intéressent à mon existence. On raconta beaucoup de sottises, on rapporta des faits ou des propos erronés. Je connus l'expérience de la mauvaise foi, de la méchanceté et même de la calomnie, avec une double impression d'injustice et d'impuissance. Répondre, rectifier, était tentant et conforme à mon caractère plutôt instinctif, mais indigne de la position que j'occupais. Je ne crois pas avoir jamais nourri de sentiments de rancune ou de haine ; mais il m'est parfois arrivé d'être révoltée.

Ma mère disparut très tôt. J'ai gardé un souvenir d'elle. Ayant été élevée en Angleterre, elle me lisait *Le Livre de la jungle* de Kipling, en anglais, évoquait Mowgli-the frog et Bagherra-the black panther, images qui me sont restées, comme celles des contes dont on berce l'enfance. Mon père, médecin de campagne, étant souvent absent de la maison, je dus m'élever seule, avec une sœur fragile, que j'ai toujours protégée, et que j'ai perdue voilà quelques années. J'en ai acquis un sens marqué de l'indépendance, de la responsabilité et le refus de s'apitoyer sur soi-même. Si d'ailleurs j'avais voulu me plaindre, je n'aurais trouvé personne pour m'écouter. Est-ce la leçon de mon enfance ? Je crois qu'il faut se forger un caractère très tôt, pour s'y tenir. Les parents, les éducateurs devraient être vigilants à ce sujet. Puisqu'il faut une armature pour vivre solidement avec soi-même et en société, autant l'acquérir dès l'enfance. C'est ce que nous enseignent les grands maîtres, de Montaigne à Alain.

A la maison, du fait de la profession de mon père mais aussi de son humanisme profond, nous recevions des gens d'univers fort divers, sans établir de différences entre eux, depuis les grandes familles de la noblesse, nombreuses dans ce pays d'Anjou, jusqu'aux paysans et ouvriers que mon père soignait et que nous invitions à prendre un repas ou que nous emmenions en voiture « voir la mer ». Je me souviens encore de l'un d'eux qui fut si stupéfait qu'il ne voulut pas descendre de voiture. Une telle anecdote paraîtra inimaginable aujourd'hui. Pourtant elle ne date que de cinquante ans !

Plus tard, j'ai retrouvé chez mon mari cette même attention, et le même refus des distinctions sociales. Nous estimions tous deux que si l'on se préoccupe de telles différences, mieux vaut rester dans son milieu, ce qui nous paraissait un rétrécissement de soi, et un refus de l'appel que le monde et les autres nous lancent. Nous tenions à rencontrer des gens issus de tous les milieux et horizons, ce que je continue de faire aujourd'hui, que ce soit à Paris ou lors des nombreux déplacements que j'effectue en province. Sans ces rencontres et cette disponibilité à autrui, je ne pourrais pas assumer sincèrement ma tâche au sein de ma Fondation, qui se voue aux plus démunis, personnes âgées et enfants handicapés. Elle serait factice.

Or j'ai reçu de mon éducation deux vertus que je n'ai cessé de cultiver, la sincérité et le sens de la dignité humaine. Ma franchise peut sembler parfois excessive. Je n'y peux rien. Elle commande plus vite que moi. Et je suis très « à cheval » sur la dignité humaine, à commencer par la mienne. Je me rappelle que lors d'un voyage officiel aux États-Unis, ayant eu à subir des manifestations hostiles, je déclarai que j'allais rentrer en France. Les choses s'arrangèrent grâce au président Nixon, qui organisa un dîner au Waldorf Astoria pour calmer le jeu. Quand j'y repense aujourd'hui, il m'apparaît que j'avais exagéré, confondant relations officielles et relations personnelles, et je n'en reviens pas du toupet que j'ai eu.

Cette dignité me semble d'autant plus nécessaire à défendre qu'elle est aujourd'hui quotidiennement menacée par une certaine évolution dans les domaines de la science ou de la communication, par exemple. Par mon fils, qui est professeur de médecine, je suis informée des questions de bioéthique, et par mes petits-fils, des nouvelles technique de communication. Comme tout le monde, je les trouve à la fois fascinantes mais effrayantes.

Imaginer que demain n'importe qui pourra s'arroger le droit de s'immiscer dans votre vie privée, de connaître le détail de votre passé, votre profil médical, la nature de vos correspondances et de vos appels téléphoniques… Pis, penser que des parents pourront « commander » la couleur des yeux de leurs enfants, voire « programmer » leurs facultés… On se souvient de l'adage de Rabelais : « Science sans conscience n'est que ruine de l'âme » et l'on se prend aussitôt à souhaiter que de nouveau on parle de l'âme, que de nouveau on rappelle le souci de l'éthique, comme l'a fait mon fils, dans son livre intitulé *Souviens-toi de l'homme*, dont j'aime la phrase qu'il écrivit dans sa conclusion : « La vraie force est en nous : le respect de soi-même est la force de l'individu soumis au monde moderne. Cette attitude est indispensable pour pouvoir pleinement exercer la justice et faire preuve d'amour. »

Contrairement à la tendance actuelle de notre société, il ne faut pas faire passer l'homme après le progrès.

Pour autant, je serais incapable de militer dans un mouvement. J'aurais plutôt tendance à faire mienne l'expression anglaise : *Think globally ; act locally*. Je déteste les étiquettes, comme mon mari les détestait. Son père lui avait acquis une carte du parti socialiste dont il ne se servit jamais. Pas plus qu'il ne s'inscrivit au parti créé par le général de Gaulle. Le Général le savait, cela lui était indifférent. Il fut le seul Premier ministre de la Cinquième République nommé à ce poste sans avoir exercé au préalable de fonctions électives.

Est-ce parce que j'ai traversé mon enfance au quotidien, j'ai toujours vécu au présent. Je n'aime pas me retourner sur le passé, je n'ai jamais tenu de journal, et les conversations du genre « ancien combattant » me sont insupportables. J'aime la légèreté de ceux qui se montrent détachés, sans toutefois être indifférents. J'y vois une grande force pour avancer dans la vie, sans se laisser alourdir par des ressentiments ou des regrets, vains et stériles. C'est peut-être à cause de ce trait de caractère que j'ai longtemps hésité avant d'écrire ce livre et que je ne me suis toujours pas résolue à parler en profondeur des années officielles avec mon mari.

J'éprouve de la pudeur à parler de moi et la crainte d'ennuyer l'autre. Au point que j'hésite toujours avant de téléphoner, pour ne pas importuner, ou surprendre. En revanche, j'aime le fax qui a permis de retrouver l'écriture et de renouer avec la tradition épistolaire. Je ne regrette pas cette pudeur, je la revendiquerais plutôt. Elle permet de respecter le mystère de certains sentiments tels que l'amour, l'amitié, ou la piété, dont on ne devrait parler que dans des moments rares et intimes. Bien des choses sont trop délicates pour les livrer inconsidérément à la conversation. Je n'apprécie guère le penchant contemporain à tout dire et à tout montrer. Ce voyeurisme me heurte. Je crois que la discrétion est une vertu majeure et je déteste le plaisir qu'éprouvent certains à raconter des potins qui ensuite se colportent et s'amplifient. Ils commencent souvent dans les salons, car les gens du monde sont d'incorrigibles bavards, et se poursuivent dans les rédactions des journaux, toujours à la recherche du sensationnel et de l'inédit, ou encore dans les ambassades. Je parle par expérience !

Je suis toujours étonnée par la facilité avec laquelle certaines personnes débitent des propos de circonstance, quel que soit le sujet ou l'interlocuteur. C'est là un exercice auquel je suis tout à fait inapte. J'y vois de la banalité la plupart du temps, et parfois un manque de dignité. Les hommes politiques abusent de ce discours quasi automatique, les mondains aussi. Ils me trouvent méfiante, sceptique ou amusée. Peut-on leurrer aussi aisément ceux à qui l'on s'adresse, et dévoyer ce don privilégié qui est celui du langage ? N'y a-t-il pas plus de grandeur, et de sincérité, à compter ses mots ? La volubilité irrépressible, telle qu'elle se répand dans tous les domaines de la société, me paraît être une forme d'indiscrétion, et d'indécence. Je suis persuadée qu'on peut communiquer avec autrui sans l'assaillir de mots creux. Le contact est affaire d'authenticité. A la mesure de mon expérience, rencontrant toute l'année des gens de tous milieux et de toutes conditions, et pour visiter régulièrement des personnes âgées ou malades, je sais qu'un sourire, un geste de prévenance l'emportent souvent sur tous les babils. Là encore, c'est une question d'éducation. Il faudrait inculquer aux enfants ce respect du langage qui est aussi un respect d'autrui, les former aux vertus du dialogue, de l'écoute. N'était-ce pas le secret de l'enseignement socratique ?

En démocratie, les citoyens veulent être entendus et compris de ceux auxquels ils ont confié le pouvoir de les gouverner. Plus que par des discours ou des débats, la confiance se gagne par une sorte d'alchimie entre sincérité et dialogue.

Par nature, je suis intuitive, instinctive, plus portée vers l'action que vers la réflexion, plutôt naïve et peu mystérieuse. J'aime à dire que moins je pense, mieux je me porte, ce qui amusait mon mari. Bien avant qu'on les qualifie de « sociales », je m'étais engagée dans des actions en faveur des défavorisés, ce qui n'a jamais été pour moi un effort. C'est, au contraire, une chose normale, naturelle – qui réjouit mon sens de la dignité humaine et aussi ma part d'utopie.

Héritage de mon éducation, influence des nombreuses et diverses rencontres que j'ai eu le bonheur de faire, j'aime beaucoup les gens, même si je ne me précipite pas vers eux. Au demeurant, la familiarité ne me paraît pas la meilleure manière d'entrer en contact avec autrui. Je préfère la curiosité, dans la pudeur toujours. Je m'attache à des détails : le regard, les mains, la voix. Je suis sensible à la sincérité chez les gens. Je souscris à cette phrase d'André Malraux, dans *Les Noyers de l'Altenburg* : « L'arme la plus efficace de l'homme, c'est d'avoir réduit au minimum sa part de comédie. » Je me reconnais également dans un autre mot de Malraux : « L'état de distraction tout-puissant qui nous permet de vivre. » Pendant une conversation, je pense tout à coup à autre chose, je ne sais quoi, et m'évade. Un tel comportement peut être embarrassant, pour mon interlocuteur comme pour moi-même, et je le sais. Mais c'est aussi ma part de fantaisie, mon goût immodéré du voyage qui se manifeste tout à coup, alors même que je me sens prise dans une situation close, et peut-être pour cette raison. Je pense à ce mot de Claudel : « Je marche la tête isolée de mon corps. »

J'aime le grand air, la marche, l'espace. De temps à autre, dans les contraintes de la vie urbaine, et sans doute en opposition à elles, ces forces instinctives s'imposent à moi. C'est Malraux, encore, qui évoquait « cet infinitésimal équilibre de l'âme, qui chasse la totale négation ».

Deux souvenirs de mon enfance. Celui du collège des Ursulines, à Château-Gontier, en Anjou, où je fis mes études, même si je devais être inscrite en première et en philo au collège universitaire de la ville. Il y avait là une sœur férue de latin et de grec. Tous les jours, nous déambulions sous les cloîtres. Nos conversations m'ont marquée. « Vous êtes mon rayon de soleil », me confia-t-elle un jour. Ce n'était pas difficile, j'étais la seule élève à préparer le bachot ! Est-ce dans ce collège, et auprès d'elle, que j'acquis l'esprit religieux qui ne m'a jamais quittée ? Je prie beaucoup. Je ne ressasse pas des litanies. La prière n'est pas forcément prononcer des mots ou demander quelque chose. C'est une élévation, une aspiration de l'âme. J'aime ce que disait Gandhi : « Il vaut mieux mettre du cœur dans la prière sans trouver de mots que de trouver des mots sans y mettre son cœur. » La prière apporte une libération et un réconfort. Le mot de Nietzsche m'amuse, qui écrivait : « Ce que je reproche le plus aux chrétiens, c'est de n'avoir pas l'air d'être sauvés. » En religion comme ailleurs, peut-être plus qu'ailleurs, je n'aime guère l'hypocrisie ni le dolorisme.

Puisque je parle de religion, un de mes plus grands souvenirs est celui de la rencontre avec le pape Paul VI. Lorsque le général de Gaulle avait remplacé mon mari au poste de Premier ministre en 1969, il lui avait conseillé de faire un voyage à Rome pour rencontrer le Saint-Père. Au moment où je me trouvai face à lui, et où j'allais faire la génuflexion d'usage pour les catholiques, j'eus un passage à vide d'une à deux secondes, tellement j'étais impressionnée par ce personnage ascétique, au regard d'une intensité et d'une profondeur extraordinaires, et qui semblait hors de notre bas monde, alors même qu'il avait agi avec courage et vigueur dans ce monde. Il avait su, selon le mot de Jean Guitton, « faire atterrir le Boeing lancé par Jean XXIII qu'avait été le concile de Vatican II ». Il avait ouvert la porte de la réconciliation avec les orthodoxes en rencontrant le patriarche Athénagoras. Fidèle au prénom qu'il s'était choisi, celui de « l'apôtre des nations », il avait sillonné la planète en avocat de la paix. En même temps, il était si évidemment de tempérament mystique que l'on comprendra que j'ai pu être aussi bouleversée.

Ce fut un jour bien particulier, par ailleurs. Juste avant cette audience, alors que nous étions en train de nous préparer, et que mon mari se débattait avec le nœud de cravate de l'habit de rigueur, le téléphone sonna. J'allai répondre, puis appelai mon mari : c'était pour lui. C'est dans ces circonstances... vestimentaires, et pressé par l'heure car craignant d'être en retard au rendez-vous papal, qu'il fut pris au piège d'un journaliste habile, absolument décidé à lui faire dire qu'il serait candidat à la présidence de la République... « si par hasard » et « au cas où »...

Il se référait à une conversation assez anodine, et à bâtons rompus, que mon mari avait eue la veille avec d'autres journalistes, au cours de laquelle la question lui avait été posée de ce qu'il ferait lorsque le Général ne serait plus au pouvoir. Il avait répondu que cette question n'était pas d'actualité mais que, peut-être, il serait candidat. Propos qui avait enflammé les salles de presse parisiennes. En fait, ce sujet était bien loin de nos préoccupations et de notre état d'esprit, trop heureux que nous étions d'avoir retrouvé la liberté, même si demeurait un petit fond d'amertume. Ce fut cela, je devrais dire ce ne fut que cela, la fameuse « déclaration de Rome » !

Plus tard, après la disparition de mon mari, j'eus une rencontre avec Jean-Paul II. J'étais d'autant plus anxieuse et intimidée que j'étais seule cette fois, face à face avec lui. Mais Jean-Paul II est d'un abord plus simple. Il me mit à l'aise en me parlant longuement de mon mari dont il connaissait parfaitement l'action, avant de me remettre des médailles bénites pour chacun de mes petits-enfants. Il n'empêche ! Après cet entretien, j'étais épuisée d'émotion. J'ai peut-être trop le sens du sacré !

Un autre souvenir est celui d'une Fête-Dieu. J'étais dans le jardin de ma grand-mère paternelle, la procession approchait et nous nous précipitâmes pour la voir passer. C'est alors qu'une sensation m'envahit, celle de l'odeur enivrante d'un massif de pivoines. C'est ma « madeleine de Proust », expérience modeste, non moins intense. Elle est liée pour moi au sentiment de l'immédiat, de la valeur et de la qualité de l'instant.

Cette grand-mère paternelle exerça beaucoup d'influence sur moi. C'était une « dame », qui tenait salon et recevait admirablement. Elle était extrêmement distinguée, et aussi fort lettrée, chose rare à l'époque. Comme pour elle, la littérature m'est indispensable. J'ai eu la chance que mon père possède une riche bibliothèque. Très jeune, j'y puisai jusqu'à plus soif, les classiques bien sûr – je lus très tôt *Le Rouge et le Noir* et *Le Neveu de Rameau* – mais aussi cette collection intitulée « A la manière de » qui m'amusait beaucoup. J'en ai gardé le goût du pastiche.

Auprès de mon mari, cette passion se développa. Il avait beaucoup lu, ce qui est banal pour un ancien normalien. Surtout, il savait lire, ce qui est moins courant. Il s'inquiétait de mes lectures, me conseilla, me guida. C'est lui qui me fit lire Proust, que je ne connaissais jusque-là que de nom. Nous rencontrions beaucoup d'écrivains. J'écoutais, j'engrangeais. Il n'est pas un soir que je ne lise. Là encore, les détails me fascinent. Après une représentation de *L'Échange*, au Français, où l'acteur masculin jouait nu, je repris le texte en rentrant chez moi. Claudel l'avait bel et bien stipulé : « L'acteur doit être nu. » Il faut toujours en revenir à la vérité des textes, dût-elle être parfois un peu crue, ce qui ne me choque pas. J'ai connu trop d'artistes pour être heurtée par leur comportement ou leurs propos. Leur rigueur compte avant tout, qui pourrait être érigée en valeur absolue dans tous les domaines. C'est à mes yeux une vertu cardinale sans laquelle les dons, les talents ne sont rien. Elle est la marque de l'honnêteté et aussi de l'humilité vis-à-vis du travail.

2

Je suis quelqu'un de très actif. Mes journées sont chargées d'occupations diverses, que j'ai choisies ou que l'on m'a demandé d'assumer.

Mon lever est difficile. A la première sonnerie de réveil, je sors du lit et prends immédiatement mon café, afin de me stimuler l'esprit. Je m'efforce de faire quotidiennement au moins dix minutes de culture physique. C'est ensuite le courrier, très abondant et très varié. On m'écrit de toutes parts et sur tous les sujets : confidences personnelles d'anonymes, demandes de fondations, de musées ou de galeries du monde entier, ainsi que d'organisations caritatives : Médecins sans frontières, Petits frères des pauvres, Œuvre d'Orient… Il y a aussi beaucoup de factures !

Puis le téléphone commence à sonner de façon quasiment ininterrompue : ce sont les amis, bien sûr, mais aussi des personnes qui souhaitent un rendez-vous, un conseil, une aide. Je n'ai pas de secrétaire à la maison et j'assume tout moi-même.

Ma devise : être disponible, ne rien refuser *a priori*, n'éconduire personne. Cela paraît simple et évident, mais il est des jours où les sollicitations sont si nombreuses, les demandes si pressantes, que je flanche un peu. On a beau tenter de repousser ses limites, vient un moment où elles s'imposent à vous. Cela ne dure toutefois qu'un temps. Quand on connaît ses privilèges, et que le devoir commande, on se reprend aussitôt et l'on repart. Il y a tant de bonheur à écouter, à accueillir et à essayer de donner, d'aider, trop peut-être…

En général, je ne prends pas de rendez-vous extérieur le matin. J'ai un déjeuner rapide, le plus souvent avec mon fils ou l'un de mes petits-fils. Nous parlons de littérature, d'art, de politique et d'éthique. J'apprends beaucoup d'eux. En retour, j'essaie de leur transmettre mon expérience et de développer leur sens moral, au cours de discussions à perte de vue sur tous les sujets, sans complexes ni préjugés.

Ensuite, je me rends à mon bureau à la Fondation, qui emploie douze personnes au siège, gère douze établissements spécialisés et douze clubs de jour pour personnes âgées, et organise le fonctionnement de 1 500 bénévoles. Ma secrétaire me met au courant du courrier, des appels téléphoniques. Je rédige moi-même les réponses, je vois le personnel, j'étudie les problèmes que l'on me soumet et j'effectue les démarches nécessaires au bon fonctionnement de l'entreprise auprès de l'administration, que je n'aime guère, et avec laquelle je suis plutôt brouillée. Je réunis régulièrement les différents responsables. Nous parlons beaucoup, et très en détail. Faire marcher une entreprise comme la Fondation exige énormément de temps, de disponibilité, d'énergie. Les décisions doivent être mûrement réfléchies, leurs conséquences soigneusement pesées. Les démarches sont toujours très longues et très complexes. Il faut dire que l'État ne facilite guère ses rapports avec les administrés. Le thème, souvent ressassé, de sa coupure avec les citoyens est quelque chose que j'éprouve souvent. En France, contrairement à d'autres pays comme les États-Unis par exemple, l'administration n'est pas seulement là pour administrer l'aide sociale. On dirait qu'elle se donne aussi pour mission de lutter contre toute forme d'aide qui ne serait pas administrative. C'est un peu hallucinant !

Je prépare mes déplacements en province, pour visiter ou inaugurer un établissement de la Fondation ou un club de personnes âgées.

Vers dix-neuf heures, je rentre me préparer pour un dîner, un concert ou un spectacle. Entre-temps, je suis souvent allée à un vernissage dans un musée, une galerie ou au Centre Georges-Pompidou, que je vois des fenêtres de mon bureau. J'essaie de ne pas rentrer chez moi trop tard, afin de disposer de temps pour lire, ce qui m'entraîne parfois fort avant dans la nuit. Je ne sais pas m'arrêter quand un livre me tient. J'ai toujours plusieurs livres en cours de lecture sous la main. Peu d'ouvrages récents, mais plutôt les grands classiques : Shakespeare, Claudel, Proust. Mon exemplaire de Diderot et de la *Correspondance* avec Sophie Volland est si usé qu'il part en lambeaux ! J'aime aussi relire Tocqueville, Saint-Simon et Julien Gracq, qui était condisciple de mon mari à l'École normale supérieure, et que j'ai eu le plaisir de connaître. J'ai une prédilection pour les livres qui racontent de grandes sagas, comme celle d'Axionov, sur la Russie, et pour les journaux d'auteurs ou d'artistes, où l'on découvre leur vie au jour le jour : Delacroix, Kafka, Musil... Quand je rentre du théâtre où j'ai vu la représentation d'une pièce classique, j'aime à relire le texte chez moi, dans la collection de La Pléiade, pour le resituer dans le temps et dans l'œuvre de l'auteur. C'est ce que j'ai fait récemment avec *L'Illusion comique* de Corneille.

Il faut aussi parler des bagages à faire, quand je pars en voyage pour des réunions internationales, à New York, Odessa, Moscou ou en Chine. Je suis en effet présidente ou membre de près de vingt fondations, sociétés ou associations, consacrées pour la plupart à des activités culturelles et artistiques. Ainsi, et notamment, la société Kandinsky, le Board of Trustries du Salomon Guggenheim Museum de New York, la Peggy Guggenheim Collection de Venise, l'International Council of the Museum of Modern Art de New York, le Palazzo Grassi de Venise, la Fondation Niki de Saint-Phalle et Jean Tinguely...

On soupçonnera une dispersion dans ces activités, et les plus médisants, de la mondanité. Honni soit qui mal y pense ! Je n'y investis, pour ma part, que sincérité et disponibilité. Il me revient en propre d'assurer l'unité de ces engagements, ou leur diversité.

3

J'ai toujours eu des activités sociales. Je les ai apprises de ma famille, où on nous conseillait de ne pas nous enfermer entre nous mais de nous ouvrir aux autres, de les accueillir, de les aider. J'ai acquis là le sens de la solidarité qu'apporte une certaine forme d'engagement bénévole. Dès les années cinquante, je m'occupais de personnes démunies, ou alcooliques, dans le quartier de la rue Mouffetard, à Paris. Je leur rendais visite, les écoutais, tentais de les aider, mais à titre privé. C'était encore l'époque des « dames d'œuvre ». Cela me paraissait naturel. Ayant tellement reçu, je me devais de donner en retour. Descartes a écrit : « N'être utile à personne, c'est n'être bon à rien. » J'en fais volontiers ma devise. Mais cela me semblait aussi insuffisant, un peu trop limité.

Puis j'ai connu la Fondation en faveur des enfants handicapés qu'avait créée Madame de Gaulle. Elle avait toute confiance en mon mari et lui avait demandé d'en être le trésorier. Il s'est toujours rendu régulièrement au siège de la Fondation Anne-de-Gaulle, dans la vallée de Chevreuse, y compris pendant les événements de Mai 1968 et alors même qu'on le lui déconseillait formellement. C'est là que je compris l'importance de telles institutions, qui dépassent les limites de la seule initiative individuelle, en suscitent et en regroupent d'autres, et permettent aussi de réunir des fonds. Après l'élection de mon mari à la présidence de la République, j'ai pensé que je pouvais me lancer. La question était : une fondation certes, mais pour qui ? La réponse me parut évidente : pour les plus déshérités. A l'époque, c'était les enfants handicapés tout d'abord, puis les personnes âgées. Aujourd'hui, on renverserait plutôt cet ordre. Le contrôle des naissances a permis de faire diminuer le nombre d'enfants handicapés. Mais mon effort a tout de suite porté sur les personnes âgées, de plus en plus nombreuses. Avec l'allongement de la durée de vie, dû aux progrès de la médecine, la vieillesse est passée du rang de problème familial, qui fut longtemps le sien, à celui de problème social. Problème qui ne fait que s'accroître avec les ravages de la maladie d'Alzheimer, contre lesquels j'engage ma Fondation à lutter de plus en plus ardemment, car on oublie parfois sa gravité, alors qu'elle devrait être une cause nationale, au même titre que d'autres. C'est du moins ma conviction, et mon souhait, et je ferai tout mon possible pour que ce projet aboutisse. Aujourd'hui, trois cent mille personnes en France sont atteintes par cette maladie et il n'existe pas d'efforts concertés pour mettre en place des centres de soins et de recherche sur cette maladie. La Fondation a entrepris de conduire un tel projet, mais l'administration en bloque la réalisation.

En parallèle à la construction d'établissements spécialisés, j'eus l'idée du bénévolat à laquelle je suis attachée, convaincue que ce sera, dans les années à venir, une véritable priorité. Je décidai de l'ériger en institution dans deux domaines : l'hôpital et les familles d'enfants handicapés. A l'hôpital, de tout temps il y eut des visiteurs volontaires, mais il s'agissait plutôt d'actions ponctuelles. Moi, je voulais constituer un service régulier, qui existe désormais. Il fallut trouver à ces bénévoles une tenue spéciale afin de les distinguer du personnel soignant. Ce fut une blouse jaune. « Les blouses jaunes », c'est ainsi qu'on les appelle, visitent les malades qui souhaitent parler avec quelqu'un, apportent une écoute attentive et amicale à leurs propos, sans faire aucun acte médical ou paramédical, ce qui serait contraire au règlement de l'Assistance publique. On ne peut imaginer l'importance du support psychologique de cette écoute du patient. C'est ainsi que fut créé le premier service de volontariat à l'hôpital de la Fondation.

Une circonstance occasionnelle me fit prendre la décision du second bénévolat, au profit des familles d'enfants handicapés. Celui-là était complètement nouveau, et il le reste encore. Ayant connu de manière proche une famille qui avait plusieurs enfants handicapés, et observant combien la vie était difficile pour ces parents totalement absorbés par les obligations matérielles auxquelles ils devaient faire face, je décidai d'étendre le bénévolat à ces malheureuses familles. Tout d'abord, il y eut des réticences. Les parents n'osaient pas dire qu'ils avaient un enfant dans cet état. Peu à peu ces réticences disparurent, si bien qu'à ce jour, et alors que nous servons plus de mille familles, il y a de longues listes d'attente. Notre action consiste à garder l'enfant une demi-journée ou plus par semaine, afin de soulager les parents et de leur donner quelques moments de liberté.

Il me faut préciser que ces volontaires – qui visitent les hôpitaux ou qui gardent les enfants handicapés – ne sont pas envoyés en mission sans préparation. Ils suivent une formation initiale au siège de la Fondation, après avoir choisi le bénévolat à l'hôpital ou le bénévolat dans les familles d'enfants handicapés. Ensuite ils reçoivent une formation continue, faite de réunions dites « groupes de parole » environ toutes les six semaines. Leur engagement est d'une durée d'un an. En aucun cas, il ne s'agit d'une formation de « soignants ». Le sens et la richesse du bénévolat, c'est d'apporter un « autre regard ».

Telle est donc ma Fondation, avec deux services très différents, tant dans leurs modes de fonctionnement que dans les vocations qu'ils suscitent. L'hôpital fait encore peur à certaines personnes, notamment les jeunes, qui préfèrent les visites aux familles, où ils assurent le suivi des visites aux enfants handicapés.

Peu à peu, les équipes se sont constituées, et ce que j'admire le plus, c'est qu'elles ont duré. Ma Fondation compte environ mille cinq cents bénévoles, dont certains sont entrés il y a vingt-cinq ans. Moi-même, je suis tous les après-midi à mon bureau. Cela n'a jamais été, à mes yeux, un passe-temps ou une manière de me donner bonne conscience. Je me considère comme un chef d'entreprise à but non lucratif. Ma Fondation a permis de créer sept cents emplois à travers les établissements qu'elle a construits, ce dont je suis fière. Elle gère un budget annuel de 192 millions de francs, sans aucune aide de l'État (173 millions pour les établissements et 19 millions pour le siège, dont 3,3 millions pour les services de bénévolat). Je prends les décisions importantes avec le secrétaire général – qui est un bénévole – et le directeur général. J'ai eu la chance de convaincre de grandes personnalités de siéger au conseil d'administration.

La partie la moins agréable de mon rôle est de collecter les fonds, qui proviennent essentiellement de legs et de dons, en plus des galas de bienfaisance. Je n'aime guère solliciter, et n'ai jamais eu de très bons rapports avec l'argent. Dans ma vie privée, j'ai tendance à dépenser sans trop compter, mais à la Fondation je suis d'une rigueur scrupuleuse. Certes, ce n'est pas moi qui fais les comptes – j'en serais au demeurant incapable – mais je suis tout de très près et me fais tout expliquer en détail. C'est une énorme responsabilité, qui parfois me pèse, mais je ne prends pas le temps de m'écouter. La phrase de Descartes me rappelle à l'ordre !

Les moments les plus intéressants sont, bien sûr, les visites d'établissements et les rencontres que j'y fais. Très vite, j'ai en effet souhaité que la Fondation finance la construction d'établissements spécialisés. Grâce au concours du ministère de la Santé, qui collabore avec nous, ils sont aujourd'hui douze. Je m'y rends régulièrement, j'interroge, j'écoute. Par ailleurs, il faut mentionner les deux grandes rencontres annuelles, particulièrement émouvantes : celle des clubs pour personnes âgées qui a lieu à l'Hôtel de Ville de Paris, et l'arbre de Noël des enfants handicapés que l'Unesco accueille. Ce sont mille à mille cinq cents personnes qui se trouvent réunies. Chaque fois mon émotion est intacte, à la vue de la joie de ces personnes âgées auxquelles on offre une revue de chansons du temps passé, aussitôt reprises en chœur, ou devant l'enthousiasme de ces enfants infirmes, parfois en chaises roulantes, entourés de leurs parents et de leurs accompagnateurs. Le bonheur qu'ils éprouvent à être réunis me bouleverse, ainsi que la joie des parents de sentir qu'on pense à eux.

Dans toute cette entreprise, l'aspect le plus intéressant à mes yeux est le bénévolat. Ce fut le pari de départ, devenu une nécessité pour répondre au besoin crucial de solidarité de notre société, et j'aimerais en parler. Les bénévoles de ma Fondation sont issus de tous les milieux sociaux, des plus modestes aux plus favorisés. C'est pour moi une grande satisfaction de constater leur entente et leur esprit de coopération entre eux. Leurs âges sont très variables, les plus jeunes ont dix-huit ans. Ce sont en partie des femmes qui n'ont pas d'activités professionnelles – quoique 50 % exercent ou aient exercé un métier –, mais on compte aussi des salariés, comme des retraités, des chômeurs et des étudiants. J'ai toujours beaucoup de plaisir à les rencontrer et à les remercier de leur dévouement, de la simplicité avec laquelle ils le prodiguent, n'ayant pour but que la réussite de leur action. Mais ils déclinent ces remerciements, me confiant ce que leur engagement au sein de la Fondation leur apporte personnellement.

Il ne faudrait pas croire que l'entreprise alla de soi dans ses commencements. Le volontariat fut d'abord mal perçu par les responsables des hôpitaux. Mon mari me l'avait prédit. Il me conseilla, pour aplanir les difficultés, de me rapprocher de l'Assistance publique.

J'expliquai, je négociai, bref, j'appris le métier. En passant d'activités caritatives personnelles à la présidence d'une Fondation, j'avais changé d'échelle dans les responsabilités. Mon pragmatisme me fut d'un grand secours.

Nous avons connu les inévitables aléas financiers, les années sombres assorties de mesures d'économie et même, ce qui me fut particulièrement pénible, de licenciements. Mais il fallait réagir vite et je n'hésitai pas devant les décisions à prendre. Je ne connus jamais la tentation d'abandonner. Ce n'est pas dans mon tempérament. Surtout, c'eût été injuste, lâche même, vis-à-vis de ceux qui m'avaient soutenue et accompagnée pendant tant d'années. J'ai donc persisté et, à ce jour, je persiste. Je continue à croire et à espérer dans la générosité du public. La plus grande difficulté est la communication, car les médias ne s'intéressent guère aux drames du quotidien, pas assez sensationnels pour eux. Je me souviens encore qu'avant l'inauguration d'un établissement, nous avions contacté la télévision. La réponse m'avait abasourdie : « intéressés en cas d'incident ». J'ai encore le télégramme, qui avait été adressé à l'Élysée.

4

Je suis une passionnée de voyages, une touriste impénitente. Je veux tout voir : paysages, villes, musées, et rencontrer le plus de gens possible, d'horizons et d'appartenances les plus divers. Ce que j'ai apprécié dans les voyages officiels, malgré leur brièveté, c'est précisément le fait qu'en quelques jours on visitait tout, on rencontrait une foule de gens et l'on emportait finalement une vision sans doute exacte du pays.

Je crois aux vertus des voyages, à la curiosité qu'ils éveillent en nous pour d'autres formes de pensée, de culture, de société ; au recul qu'ils nous donnent quand on revient chez soi pour affronter de nouveau les problèmes quotidiens. Ils constituent un excellent remède contre le nombrilisme et le narcissisme. Ils nous apprennent le sens de la relativité, celui aussi de l'humilité, selon que l'on a vu tantôt les rares vestiges qui demeurent d'immenses civilisations tellement plus anciennes que la nôtre, tantôt la misère et la détresse de certains pays aujourd'hui, le pire étant peut-être quand cette grandeur de l'histoire passée et le désarroi du présent se côtoient. Un tel spectacle pose cruellement la question de l'évolution de l'humanité et de la notion de prétendu progrès.

Notre premier grand voyage fut pour New York, quand mon mari travaillait à la banque Rothschild. C'était en 1955. La descente en avion sur la ville me marqua de façon extraordinaire et je retrouve cette fascination chaque fois que j'y retourne. J'aime ces avenues et ces rues de New York qui, entre des tours, se terminent sur le ciel. Les États-Unis sont un pays étonnant pour nous. Ils ont sur nos mentalités françaises – trop françaises, oserais-je dire – un effet électrique, décapant. C'est un pèlerinage nécessaire pour recevoir un peu de leur dynamisme. On trouve alors la France endormie ou frileuse. Car si notre pays est une république aux institutions bien établies et vénérables, les États-Unis vivent une démocratie en marche, avec tout ce que cela implique d'innovations, d'interrogations, de refus des conformismes... par absence de conformisme. Pour autant, il ne semble pas que les Américains soient capables d'une révolution. Il y a chez eux une sorte de mystique qui les unit dans une même aventure, et les soude, quoi qu'il en soit des fortes oppositions internes et de la violence qui secoue parfois leur société. Le pouvoir politique y est tenu en bride par la Constitution et le citoyen américain est allergique à toute intrusion de l'État dans sa vie. Bien que les barrières de l'argent soient immenses, les frontières sociales sont infiniment moindres qu'en France. Tout le monde parle à tout le monde. Lors de notre premier séjour à New York, alors que nous sortions de l'Apollo Theater à Harlem, un groupe de Noirs américains nous poursuivit dans la rue. Nous n'étions pas trop rassurés car, à cette époque, Harlem n'était pas réputé comme un quartier sûr. Mais il n'en était rien : ils nous avaient entendu parler français et voulaient nous faire cadeau des disques du spectacle. De nombreuses années plus tard, comme je me trouvais à Washington devant la National Gallery, seule dans une voiture, un couple de promeneurs s'arrêta et après réflexion me posa le plus naturellement du monde cette question : « Are you someone famous ? »

Notre premier voyage officiel nous emmena à Londres, quand mon mari était Premier ministre. J'étais très intimidée de devoir rencontrer la reine, et intriguée par les coutumes anglaises. Je me renseignai auprès d'un de mes amis qui avait été élevé en Grande-Bretagne. Il me prévint que les Anglais étaient particulièrement réservés, très à cheval sur l'étiquette et les règles de politesse. Or j'étais à peine assise pour le premier dîner que nous offrait le Premier ministre britannique d'alors, que le ministre anglais des Affaires étrangères posa sa main sur mon genou. Il me demanda mon numéro de téléphone personnel à Paris et m'invita à l'appeler par son prénom, George, ajoutant : « Cela ne vous sera pas difficile. Vous y êtes habituée. » J'appris plus tard qu'il était familier du fait, la boisson aidant. Mais sur le coup, on peut imaginer ma stupéfaction. Pour des gens réservés, et très portés sur l'étiquette !

Le moment le plus impressionnant de ce séjour fut la présentation à la reine. Je l'avais rencontrée en 1948 quand elle était encore la princesse Elizabeth d'York. Elle était venue inaugurer une exposition au musée Galliera, intitulée « Huit siècles de civilisation britannique à Paris », dont mon mari présidait le comité d'organisation en tant que commissaire adjoint du Tourisme. Elle s'était montrée charmante et m'avait étonnée par sa maîtrise de notre langue. Mais à présent, c'est la Reine Elizabeth II que nous allions voir. Les couloirs du palais de Buckingham me parurent interminables, terriblement solennels. J'avais l'impression que la mise en scène était préméditée, afin d'accroître la timidité du visiteur.

La Reine Elizabeth est un personnage exceptionnel. A aucun moment, elle n'oublie qu'elle est reine. Elle possède admirablement son métier et ne se départit jamais de sa dignité ni de son calme. Être à ce point parfaite, et parfaite tous les jours, a quelque chose de fascinant. En même temps, elle est d'une courtoisie extrême et sait être très aimable, car, contrairement à ce que l'on pourrait penser, elle se montre très naturelle.

Quand elle vint en France en mai 1972, mon mari était alors président de la République. Cette visite me donna beaucoup de mal. J'étais affolée à l'idée qu'il puisse se produire un impair ou un incident. Nous avions prévu de lui montrer les salons de l'Élysée, aménagés dans le style contemporain, et j'étais inquiète. Qu'allait-elle penser ? Mon mari et moi avions jugé évident d'accueillir à l'Élysée le style de notre époque. Mais la Reine, habituée au classicisme des palais britanniques ?

Elle se montra enchantée, amusée même. A la fin du dîner, Edward Heath, le Premier ministre anglais, se mit au piano et joua du Chopin pour la plus grande joie de la souveraine. Elle semblait ne plus vouloir partir, au grand dam du protocole qui n'appréciait guère le débordement des horaires strictement fixés. Le programme de son séjour prévoyait un déjeuner dans un restaurant réputé aux Baux-de-Provence. Elle apprécia l'attention et ne l'oublia pas. Quelque vingt ans plus tard, lui adressant, comme d'habitude, mes vœux de débuts d'année, je choisis une carte qui représentait les Baux. Elle me fit répondre qu'elle était ravie de retrouver l'image de ce paysage et qu'elle serait heureuse de le revoir.

En 1970, nous nous rendîmes en visite officielle en URSS où je retrouvai Leonid Brejnev, que j'avais déjà rencontré à Paris. Il était d'une totale simplicité, me parlant de sa vie familiale qu'il préférait à tout. Lors du dîner que nous offrions à l'ambassade de France, je remarquai qu'à table il prenait énormément de pain, qui avait été acheminé de France avec nous, et qu'il le gardait en réserve. Comme je l'interrogeais à ce sujet, il m'expliqua qu'il avait une passion pour le pain français depuis qu'il avait vu, à Paris, un jeune coursier livrant des baguettes sur le porte-bagages de son vélo, et que cette image était liée dans son souvenir à notre pays. Discrètement, je demandai au maître d'hôtel d'envelopper une baguette que j'offris à Leonid Brejnev au moment de son départ. Je le vois encore, sortant de la salle à manger de l'ambassade, sa baguette sur l'épaule et au pas de l'oie, devant le parterre des invités médusés.

De l'URSS toujours, un souvenir, celui des installations nucléaires que je visitai à Akadam Gorodok tandis que mon mari se trouvait à Baïkonour sur la base de lancement. La précarité des moyens était telle que j'en fus stupéfaite. On avait l'impression que tout tenait avec des bouts de ficelle ! Quand on songeait au modernisme technique de Cap Canaveral, à l'extrême limite du progrès, le contraste laissait rêveur. Et pourtant, cela fonctionnait.

Anecdote de voyage. A Novossibirsk, à la fin d'un déjeuner, Hervé Alphand, alors secrétaire général au Quai d'Orsay, qui était très doué pour les imitations, se leva comme pour un discours solennel et se lança dans une longue tirade. Il ne parlait pas le russe, mais il imita si justement les sons qu'il avait entendus que certains Russes dans l'assistance pensèrent qu'il s'exprimait en slavon, ou dans quelque dialecte. Nous fûmes pris de fou rire, évidemment. Je crois que ce fut sans conséquence sur le plan diplomatique.

Dès le premier voyage que j'y accomplis, le Japon me séduisit par le contraste entre sa course effrénée vers la modernité et le respect scrupuleux des traditions. Aucune innovation technique ne laissait les Japonais indifférents. Ils étaient très curieux de l'Occident, fascinés par la mode de notre pays. En même temps, ils préservaient jalousement des traditions extraordinaires, telles que le théâtre nô et le kabuki, l'art du costume, des jardins, de la calligraphie. Je garde le souvenir des extraordinaires marionnettes du Bunraku, l'image des temples de Kyoto ou de Nara, qui me fascinèrent. Pourtant, le sort réservé aux femmes ne m'avait paru guère enviable à l'époque, car elles semblaient peu libérées. L'empereur Hiro-Hito venait de marier son fils, mariage que la famille impériale n'avait pas souhaité, en raison des origines roturières de la jeune femme, archaïsme supplémentaire de ce pays. Un grand déjeuner nous fut offert, auquel les deux jeunes gens assistaient. C'était très surprenant, car l'empereur parlait en nippon impérial, alors qu'il comprenait très bien le français. Il fallait un temps fou pour écouter la traduction de ses propos et lui répondre, ce qui ajoutait au faste de la cérémonie. On ne savait plus très bien dans quelle époque on était.

Depuis que j'ai découvert la Chine, le Japon a un peu perdu de cette séduction. J'ai parfois l'impression qu'elle l'a beaucoup influencé et que nombre d'éléments que je croyais originaux dans la culture japonaise ont leur origine chez elle. La Chine est à elle seule un univers, à la mesure d'un continent. On est frappé d'emblée par l'immensité de tout ce qu'elle offre, de la grande muraille ou des six mille guerriers de l'armée morte jusqu'au Yang-Tsé. On se sent dépassé par cette immensité, emporté par le poids et la grandeur de cette histoire. Ce qui est étonnant, c'est de constater l'extraordinaire homogénéité et la continuité du peuple chinois depuis près de quarante siècles. On le ressent dans sa culture, ses rites, son écriture – ses « caractères » comme disent les Chinois – qui forment comme l'armature de leur civilisation et dans lesquels ils se retrouvent. C'est une histoire qui semble ne s'être jamais démentie ni reniée malgré les invasions ou les systèmes politiques successifs et divergents. On pense au courage, à la volonté obstinée, et aussi à l'art de ce peuple qui a construit la Cité interdite, ces palais et ces temples admirables de proportions et d'harmonie. Ce qui est paradoxal, en apparence du moins, c'est que cette puissance de durée et d'union n'empêche pas la multiplicité, due à l'immensité du territoire et au très grand nombre d'habitants – un milliard deux cents millions actuellement – mais aussi aux capacités d'invention et d'imagination des Chinois.

J'ai fait deux inoubliables voyages en Chine, à l'invitation du gouvernement de la Chine populaire. J'y fus accueillie presque comme un chef d'État occidental, en souvenir de la visite que mon mari avait effectuée en tant que président de la République en 1973 (il fut le premier président de la République à se rendre en Chine officiellement après que le général de Gaulle l'eut reconnue). J'ai constaté que les Chinois avaient un souvenir très vif de cette visite, et j'en fus émue. Des nombreuses images que j'ai rapportées de ces voyages, il faut évoquer la découverte de Pékin, grandiose, celle de Shanghai, avec sa foule immense mais tranquille, la descente du Yang-Tsé dans ses gorges fantastiques, la rivière de Guilin, le rêve…

J'ai été amusée quand l'ambassadeur de Chine en France m'a dit un jour : « Vous êtes très populaire dans notre pays. » Populaire auprès d'un milliard deux cents millions de gens, imaginez !

Les Chinois me semblent, sur bien des points, assez proches des Français, notamment par leur caractère enjoué, leur goût de plaisanter et de vivre. Ils me paraissent cependant plus « sérieux » que nous, peut-être en raison de leurs religions. Le bouddhisme leur a appris une certaine forme de douceur, de compassion même. Le confucianisme et le taoïsme leur ont inculqué la maîtrise de soi en toute circonstance. Je souhaite que ces qualités et ces vertus perdurent dans les jeunes générations car elles sont l'essence d'une civilisation admirable, et une leçon pour les autres.

L'Inde fut l'un de mes voyages d'exception. J'avais fait la rencontre de Nehru lors d'un dîner chez le général de Gaulle. Sa sérénité m'avait fascinée. Il m'avait parlé très simplement de philosophie et de religion. Peu d'êtres m'ont à ce point impressionnée. Après le décès de mon mari, Madame Gandhi m'invita en Inde pour un séjour de trois semaines. Je visitai tout le pays, de New Delhi à Bombay. Ce fut un voyage très complet, très minutieux. J'étais logée dans des palais somptueux mais où aucun équipement ne fonctionnait. Je découvrais les terribles contrastes de l'Inde, prise entre un passé prestigieux et un présent dramatique. A la fin du séjour, Mme Gandhi m'invita chez elle, avec ses enfants, dans sa maison d'une simplicité presque monacale, au regard des luxueuses résidences officielles. Elle était la simplicité incarnée, dans son maintien comme dans ses propos. Sa belle-fille, la femme du Premier ministre Rajiv Gandhi, d'origine italienne, avait préparé le repas : des pâtes. J'étais frappée par la façon dont Indira Gandhi affrontait son destin. Elle semblait avoir le pressentiment de ce qui allait lui arriver, mais elle l'assumait avec fatalisme et calme, décidée à aller jusqu'au bout de son combat. Il y avait en elle une grandeur qui me marqua. Peu de temps après eut lieu le drame de son assassinat. Quelques années plus tard, Rajiv Gandhi fut assassiné à son tour.

Mon plus récent voyage a été pour la Syrie. Je rêvais depuis longtemps de me rendre en Mésopotamie et je nourris encore l'espoir d'aller un jour en Irak, pour visiter les lieux aux noms glorieux, Babylone, Assur, Ninive... Ce sont des endroits où l'on traverse le temps et les âges en s'y laissant absorber pour mieux se retrouver soi-même à travers cinq millénaires.

J'ai été passionnée par la visite d'Ebla, une cité découverte il y a une dizaine d'années et qui date du troisième millénaire avant Jésus-Christ. Les fouilles ont mis au jour un important palais royal et des archives comprenant dix-sept mille tablettes couvertes d'inscriptions cunéiformes qui révèlent la vie au jour le jour de cette ville, grande capitale diplomatique et commerciale. Bien sûr, la visite de Damas, la plus vieille ville du monde, dit-on, reste un haut moment du séjour, car on y trouve l'immense mosquée des Omeyyades, où la tête de Jean Baptiste est conservée et vénérée par les chrétiens comme par les musulmans, et le souvenir du fameux chemin sur lequel saint Paul connut l'illumination qui l'amena à la conversion. Mais Damas a aussi tout un aspect oriental : les légendes toujours vivantes dans l'imaginaire collectif des habitants, la musique si présente (on voit des joueurs de luth partout). Tout près de Damas, dans le village de Maaloula, on parle encore le dialecte araméen, qui fut la langue du Christ et de ses premiers disciples.

Parmi mes souvenirs : Alep et sa citadelle construite sur la montagne, le labyrinthe de souks qui s'étend sur dix kilomètres dans une ambiance enivrante de bruits et d'odeurs d'épices ; Apamée, magnifique ville romaine ébranlée par un tremblement de terre au XIIe siècle et où séjournèrent Antoine et Cléopâtre, ce que rappelle à notre imagination une forêt de colonnes romaines ; Palmyre, qui m'avait toujours fait rêver, surgissant du sable en plein désert, ville de légende et de caravanes entre la Perse et l'Empire romain, sur la célèbre route de la soie. Je revois aussi les monuments qui ont jalonné mon séjour : le temple de Baal, le théâtre antique où nos hôtes évoquaient les souvenirs de la reine Zénobie, cette descendante de Cléopâtre qui défia Rome en conquérant tout le pays depuis l'Euphrate jusqu'à l'Égypte. Qui a vu Palmyre au soleil couchant sait immédiatement qu'il ne pourra jamais l'oublier.

Sur les rives de l'Euphrate, dont on dit qu'il est l'un des fleuves du paradis, c'est le livre de notre civilisation qui semble s'écrire, dans l'éblouissement du regard.

5

Je suis sensible depuis longtemps aux questions d'environnement, je le fus avant même qu'on emploie le terme. Cela est dû sans doute à l'éducation que j'ai reçue, très respectueuse de la nature, mais aussi à mes nombreux voyages au cours desquels j'ai pu constater les dégradations de certains paysages, sites ou monuments en l'espace de quelques années, et souvent de façon irrémédiable. On déboise, on construit, on aménage, sans prendre les précautions nécessaires. Quand surviennent les conséquences de cette politique anarchique, il est trop tard. Les gouvernements annoncent régulièrement des mesures, mais on n'en voit guère les effets. La spéculation, le profit l'emportent le plus souvent sur le souci de préservation de la nature ou du cadre de vie. Ainsi l'homme moderne, bien qu'informé, voire surinformé, sur les risques qu'il fait courir à l'environnement, le saccage toutefois jour après jour, au point que les éléments les plus vitaux se trouvent menacés : l'air, l'eau, les sols. C'est une forme de barbarie que nos ancêtres n'auraient pas imaginée. S'ils le maîtrisaient moins, ils respectaient le monde dans lequel ils vivaient.

Mon mari était très soucieux de l'environnement. Dès 1964, il s'était attaché au problème des eaux. Il fit voter une loi sur ce sujet, qui instituait une agence de l'eau, et n'hésita pas à peser de son poids de Premier ministre pour emporter convictions et décisions.

A l'automne de 1968, il commanda à la délégation à l'aménagement du territoire, par l'intermédiaire du ministre compétent de l'époque, des propositions susceptibles d'améliorer l'environnement dans notre pays. Le document qui en résulta, intitulé « Cent propositions pour l'environnement », servit de base à la politique française dans ce domaine.

A l'été de 1970, il envoya une lettre au ministre de l'Équipement, Albin Chalandon, pour lui demander de suspendre l'abattage systématique des arbres sur les routes. Je me souviens que, lorsque nous descendions dans le Midi, il était scandalisé que l'on abatte les platanes pour dégager les routes. Il refusait l'idée que la nature ait à se plier aux exigences de l'automobile et des automobilistes. Il ne négligeait évidemment pas les impératifs de la sécurité, mais il souhaitait que celle-ci soit assurée par d'autres dispositifs que ceux qui entraînaient la destruction de l'environnement. Il donna des instructions en ce sens, et c'est ainsi que furent conçues, puis installées, les glissières de sécurité.

En 1971, il créa le ministère de l'Environnement. La France fut l'un des premiers pays à disposer d'un tel ministère. Au ministre qui en eut la charge, Robert Poujade, il dit : « Il faudra de la réflexion, de la philosophie, de l'esprit technique aussi. Vous formerez les hommes, vous créerez un état d'esprit. » Par la suite, il ne lui ménagea jamais son appui quand il eut à batailler avec d'autres ministres.

En 1973, lors d'un conseil restreint sur la région parisienne, mon mari exigea la réalisation d'espaces verts. C'est à cette occasion que furent décidés la création des jardins de la Villette et des jardins Citroën situés quai de Javel à Paris, celle des zones naturelles d'équilibre et aussi l'arrêt de quelques monstrueuses opérations de lotissements au bois Notre-Dame dans la région parisienne. Si mon mari intervenait avec pareille autorité, c'est qu'il était convaincu que l'État a un rôle majeur à tenir dans la préservation de l'environnement, que c'est l'une de ses grandes responsabilités, notamment vis-à-vis des plus humbles et des plus démunis face à l'urbanisation anarchique. Il employa le terme de « morale de l'environnement », à Chicago, en 1970, puis, plus tard, lors d'une visite en Camargue. Conscient que le profit règne trop souvent en maître, il confia à l'un de ses collaborateurs, à propos de l'aménagement d'un port de plaisance qui défigurait l'environnement : « Évidemment, les privilégiés trouvent cela très bien, puisqu'ils en profitent ! »

Il y a un équilibre à trouver entre les droits de l'homme et ceux de la nature. C'est souvent une question de bon sens, une vertu que l'on a tendance à oublier aujourd'hui, et qui me paraît l'une des premières que les chefs d'État doivent posséder. Pourtant, le terme « bon sens » a disparu ou, quand on l'emploie, il est devenu synonyme d'une sorte de naïveté, voire de niaiserie.

Notre civilisation est confrontée à une véritable impasse écologique, due au fait que l'on ne sait plus où commencent et où s'arrêtent les droits de la société face à l'environnement. Comment concilier les besoins de la première et le respect du second ? Longtemps, l'esprit patrimonial a prévalu, puis la mécanisation à outrance l'a emporté. Jadis, les terres étaient un objet de capitalisation, mais pour elles-mêmes, comme potentiel de production agricole, viticole ou du bétail. On n'y touchait pas. Aujourd'hui, elles sont un objet de profit financier. On les disloque, on les réaménage, sans aucun souci de leur vocation première. On les rassemble pour y bâtir des lotissements, on y troue des autoroutes ou des lignes de TGV. On massacre ainsi tout un héritage, ses traditions, son économie. Est-ce ainsi que les hommes pourront vivre, et une société se perpétuer ? Je n'ignore pas les contraintes et obligations du progrès technique et social. Mais je m'interroge : doit-il être à ce prix, et n'y a-t-il pas d'autres solutions ?

Dans son livre *La France pour tous*, le président de la République, Jacques Chirac, a fait connaître son analyse et ses propositions concernant l'environnement. Il estime que la population est mal répartie sur notre territoire, qu'elle est trop concentrée dans les villes. De fait, la vie urbaine est de plus en plus difficile à supporter : le bruit, la pollution de l'air, un rythme frénétique, la violence qui s'ensuit, la tentation de la drogue… Jacques Chirac souhaite la création d'emplois dans les campagnes afin de désengorger les villes. La solution serait idéale, et répondrait aux aspirations de plus de jeunes qu'on ne le pense, qui en ont assez de la vie urbaine. Mais ce projet est difficile à réaliser, tant les mentalités et les préjugés sont fortement ancrés. J'apprécie qu'il considère que la nécessité d'un aménagement du territoire est « une exigence économique, écologique et morale ». A vingt-cinq ans d'écart, cette déclaration fait écho aux propos de mon mari.

A la pollution proprement physique s'ajoute la pollution morale. Nous sommes prisonniers de la modernité, des prisonniers révoltés parfois mais aussi consentants. On veut toujours plus de modernité et on veut en même temps préserver le passé. Même les très jeunes gens connaissent cet écartèlement. Ils sont écologistes, mais ils se précipitent sur les jeux électroniques, où la réalité naturelle est déformée au profit d'images artificielles, et sur Internet, où la voix et l'écriture sont remplacées par des séries numériques transmises presque instantanément, et gratuitement, à l'autre bout du monde. Le sacrifice de l'écriture sera-t-il le prix à payer pour le raccourcissement des distances entre les hommes ?

Le pouvoir des images est déterminant dans cette pollution morale. La télévision, les magazines veulent tout montrer et montrer toujours plus. On subit la dictature du spectaculaire, et notamment des images qui suscitent la peur, le dégoût, la violence. Je suis très impressionnée par les images que l'on nous assène à tout instant. Il faudrait alerter les jeunes plus tôt, leur inculquer un code des valeurs, les prévenir contre les méfaits du « tout-image », et les mettre en garde contre la violence qui tend à devenir un culte. C'est là le rôle des parents et des enseignants, car le propre de l'éducation, c'est d'apprendre à refuser les fatalismes et à lutter contre eux.

Je suis étonnée par l'importance accordée aux enfants. Du temps de Montaigne, ou même de Rousseau, les enfants comptaient peu. Les pères ne savaient pas toujours combien ils en avaient engendré, beaucoup mouraient en bas âge, les autres étaient abandonnés aux nourrices. Maintenant les enfants sont sacrés, ce qui est un grand progrès, sauf quand on va jusqu'à leur donner un rôle d'adultes et que, par exemple, ils conseillent leurs parents pour l'achat d'une voiture, pour le choix des vacances… J'ai vu un jour sur une affiche une fillette pianotant sur un Minitel. On lui faisait dire : « Sans moi, ils ne le trouveront jamais, cet appartement. » Et, en dessous, ce slogan : « Trouver un logement, c'est un jeu d'enfant. » J'en fus un peu abasourdie. Qu'on ait récemment réaffirmé les droits de l'enfant est une très bonne mesure – et il y a beaucoup à faire encore dans ce domaine, quand on sait certaines pratiques scandaleuses, depuis l'exploitation du travail des enfants dans certains pays jusqu'à la pédophilie. Mais il existe aussi des devoirs de l'enfant, notamment celui d'apprendre et de respecter une table des valeurs qui le situe à une place précise dans la famille et la société, toute sa place certes, mais pas plus que sa place.

Ce qui est vrai pour les enfants l'est aussi pour l'homme. On pourrait dire presque trivialement que son prix a augmenté. Au Moyen Age, les gens mouraient tôt, dans les guerres, les croisades ou en raison des épidémies. La vie humaine aujourd'hui compte beaucoup plus, en dépit des massacres qui continuent de se produire. On assiste à une espèce de sacralisation de l'homme.

Mais, paradoxalement, on constate une perte du spirituel dans la société. Le sens du sacré semble avoir disparu, du moins de façon explicite, en dépit des quelques mouvements qui en annoncent régulièrement le retour mais ne durent souvent que le temps d'un feu de paille, quand ils ne tournent pas en sectes.

Aussi, beaucoup de gens, de jeunes en particulier, ont l'impression d'une platitude de la vie, d'une absence de sens, d'avenir, d'espoir. Comment s'étonner que certains se dirigent vers les sectes, la drogue ou manifestent de sauvages accès de violence ? Tout se passe comme si les progrès techniques nous avaient conduits au-delà de nos propres limites et que nous en soyons comme déboussolés. Plus la société devient dure, cruelle même, ne raisonnant plus qu'en termes de profit, d'efficacité, de propriété matérielle, plus s'accentue la fragilité de la condition mentale et morale de l'homme. C'est une véritable crise éthique que nous traversons. Elle exige des choix. Il faut restaurer le respect de soi, et de l'autre, afin que l'homme ne soit pas un simple instrument, soumis aux progrès de la science et manipulé par et pour eux ni sans cesse assisté en toutes choses. Il faut retrouver la dignité spirituelle de l'homme. André Malraux a écrit que « le vingt et unième siècle sera mystique, religieux, ou ne sera pas ». Espérons qu'il a vu juste mais trouvons aussi les moyens actifs pour que cette prophétie se réalise.

La loi ne suffira pas, ni les décisions politiques. Une prise de conscience individuelle et collective est nécessaire. Elle passe par l'éducation, par la famille, par le travail en société. Elle passera aussi par une réconciliation entre les citoyens et leurs gourvernants. La barrière entre eux est trop haute. L'administration est trop tatillonne, elle stérilise souvent l'esprit d'initiative plus qu'elle ne l'encourage. J'en fais l'expérience tous les jours, au sein de ma Fondation ou ailleurs. C'est un maquis de procédures, de réglementations extrêmement complexes. L'esprit d'entreprise ne peut plus s'épanouir. Il est tout de suite entravé, alors que notre pays compte des trésors d'intelligence, de capacités à agir et à inventer. On nous a beaucoup parlé de réforme de l'État, et de simplification des démarches et des textes. Il est temps de passer des paroles aux actes. « Moins de lois, plus d'exemples », disait Saint-Just. Et de se souvenir de cette parole que prononça Louis Pasteur lors de sa réception à l'Académie française : « La vraie démocratie est celle qui permet à chaque individu de donner son maximum d'efforts dans le monde. »

6

L'éducation est un sujet si important que j'ai hésité à l'aborder, mais il m'est difficile de le taire, car je lui voue un véritable culte. Puis je suis et demeure femme d'un professeur, qui me parlait fréquemment et avec ferveur de son métier, aussi bien quand il le pratiqua que par la suite.

« Éduquer, dit le Larousse, c'est former l'esprit, développer les aptitudes intellectuelles, physiques et morales. » Dans la simplicité de cette définition, tout est dit. L'éducation ne consiste pas en une accumulation de connaissances ou de savoirs. Elle est une formation, une structuration de l'être humain en tant qu'individu complet, possédant un intellect et un corps. On retrouve la grande sagesse de Montaigne, *mens sana in corpore sano*.

Par ailleurs, il n'est pas d'éducation qui ne s'accompagne d'une éthique, par où l'on retrouve la question essentielle des valeurs. Bien penser, c'est aussi bien agir.

Je suis toujours étonnée de voir que, dans l'enseignement français, la dimension corporelle est souvent oubliée, ou négligée, alors qu'elle tient une place prépondérante dans les systèmes éducatifs britannique et américain. C'est là, à mon sens, une erreur grave, presque une mutilation de l'individu.

L'un des grands soucis qui devrait présider à toute éducation me paraît être l'égalité d'accès de tous aux richesses de notre civilisation. Il ne faut pas se leurrer toutefois. Cela ne signifie pas qu'il y ait égalité d'aptitudes, mais précisément, l'éducation a pour mission de donner à tous, quelles que soient les différences de dons et de talents, cette « formation de l'esprit » dont parle le Larousse. Tocqueville écrivait : « L'inégalité intellectuelle vient directement de Dieu et l'homme ne saurait empêcher qu'elle se retrouve toujours. Mais il arrive du moins que les intelligences, tout en restant inégales, trouvent à leur disposition des moyens égaux. » C'est l'idéal de tout système pédagogique, mais il faut bien reconnaître qu'on est loin de l'avoir atteint, et qu'une immense inégalité de formation existe toujours entre les hommes, malgré toutes les réformes éducatives qu'on a entreprises. Toute éducation devrait procurer une préparation intellectuelle, physique, technique, civique aussi, permettant aux jeunes d'aborder, armés, la vie active et sociale qui sera la leur. Elle devrait également faire d'eux des êtres libres, dotés de discernement, aptes à choisir et à diriger leur existence. Vaste programme, et qui coûte cher, mais c'est l'un des plus exaltants pour une collectivité et pour ses dirigeants, dans la mesure où il en va de son avenir. Quant au coût, j'aime le mot qu'on employait autrefois pour calculer le budget de l'éducation : « la règle d'or », soit 30 % de celui de la nation.

C'est dès le primaire qu'il faut agir, car c'est là que les enfants acquièrent les bases et se forgent une personnalité, tant psychologique et morale que civique. Dans son livre que j'ai cité plus haut, Jacques Chirac observe que le primaire pose problème : « classes surchargées, souvent composées de nombreux enfants immigrés qui connaissent mal notre langue ». Les enseignants du primaire ont une tâche bien plus difficile qu'il y a quelques années. Or, à mon avis, ils ne sont pas assez considérés, ni suffisamment aidés. Rien n'est plus irritant que l'image, toujours en vigueur, du « petit prof » ou du « petit instit' ». Il faut se souvenir du rôle capital joué au début du siècle par les instituteurs, à l'époque de l'école laïque, ceux qui étaient appelés les hussards noirs de la République. Ce sont eux qui apprirent à des générations d'enfants à lire, écrire et compter, et leur donnèrent une formation civique qui les préparait à la vie en société. Je pense qu'on devrait restaurer non seulement le respect qui leur est dû, mais encore et surtout leur rôle.

Jadis, on n'attendait rien de l'école, mais on savait que l'école apportait tout. Cet état d'esprit a disparu. L'accroissement considérable du nombre des élèves, celui aussi des disciplines enseignées, notamment scientifiques et techniques, ont bouleversé le paysage éducatif. On constate très tôt un esprit de concurrence, une course aux diplômes, dus à la hantise compréhensible du chômage, on se spécialise de plus en plus jeune. Du coup, l'instruction civique et ce qu'on appelait autrefois la culture générale sont négligées au profit d'enseignements jugés plus rentables ou plus productifs. Or la culture générale a une vertu indispensable : elle éveille l'esprit, le rend curieux des formes de civilisation et inculque ainsi le respect de l'autre, et donc la tolérance. Elle est le terreau fertile où les connaissances techniques peuvent se développer et produire des fruits nouveaux. Si aujourd'hui, dans beaucoup de familles, il y a incompréhension entre les générations, c'est souvent parce que cette culture générale n'est plus enseignée, et que les références, les valeurs ne sont plus les mêmes entre parents et enfants.

Notre système scolaire a un peu perdu ces principes de base. Un cycle primaire embouteillé, le secondaire chaotique, et après l'université, l'inconnu d'une vie professionnelle hasardeuse. Il manque une vision d'ensemble, progressive et coordonnée, qui intégrerait toutes les dimensions de la formation de l'individu, et à chaque étape, depuis l'entrée à l'école jusqu'à l'accès à l'université. Les jeunes sont souvent livrés à eux-mêmes, hésitant entre des filières trop nombreuses, inquiets de leur avenir professionnel. Et les professeurs sont parfois démunis face à cette inquiétude.

Je sais à quel point ces préoccupations étaient graves pour mon mari, surtout après Mai 1968. Il pensait que l'Université se chercherait, et aurait du mal à se trouver, après les secousses qu'elle avait subies. Bien qu'il ait dit, à la Libération, qu'il en avait assez « de décliner *rosa,* la rose », il aimait l'enseignement. Nombre de ses élèves m'ont dit combien ils l'avaient apprécié comme professeur et lui-même avait conservé le souvenir des grands maîtres qui l'avaient marqué. Un grand professeur peut influencer un jeune pour la vie.

7

L'art, tous les arts sont ma nourriture quotidienne depuis mon enfance. J'ai été éduquée dans leur passion et leur goût, qui se développèrent encore quand je rencontrai mon mari. Il avait une culture classique, de ce qu'on appelait alors « les humanités », mais il était également curieux de toutes les formes esthétiques nouvelles. Cette leçon, on peut la méditer aujourd'hui, où l'on se rabat sur les valeurs du passé et où l'on néglige, par frilosité ou paresse, les recherches de l'avant-garde. Ces retours en arrière m'étonnent. On se passionne pour la musique baroque, on se rue aux grandes rétrospectives de peintres anciens. Je n'ai évidemment rien contre ces formes de l'art et j'aime assister à leurs manifestations. Mais j'ai appris de mon mari qu'en art comme ailleurs, on ne peut arrêter le temps, que la connaissance du passé doit servir à mieux comprendre son époque, à façonner le présent et à concevoir le futur ; comme, en revanche, la création doit prendre appui sur la tradition. C'est un double mouvement : l'un ne va pas sans l'autre.

Tous les créateurs que j'ai connus m'ont confirmée dans cette attitude. Pierre Boulez n'a jamais renié Bach et continue de diriger Mahler, Stravinski ou Ravel. Maurice Béjart n'a jamais abandonné le vocabulaire de la danse académique ni l'héritage de Petipa. Ils sont à la fois pleinement de leur temps et, de façon mystérieuse, ils parviennent à échapper aux pesanteurs de l'histoire. S'ils occupent souvent des responsabilités importantes à la tête d'institutions nationales, ils savent toutefois préserver leur liberté.

Baudelaire écrivait dans son *Journal :* « L'artiste ne relève que de lui-même. Il ne promet aux siècles à venir que ses propres œuvres ; il ne cautionne que lui-même. Il meurt sans enfants. Il a été son roi, son prêtre et son Dieu. »

J'aime la compagnie des artistes. Je ne m'ennuie jamais avec eux, en dépit de leur caractère parfois difficile ou ombrageux. Ils voient le monde différemment de nous et nous font partager cette différence. Alain disait que « tous les arts sont comme des miroirs où l'homme connaît quelque chose de lui qu'il ignorait ». Je trouve cette phrase merveilleusement juste. Elle peut s'appliquer aux artistes, qui nous font découvrir ce que nous portons en nous sans le savoir. Ils sont des éveilleurs, des passeurs, des questionneurs aussi. Ils bousculent nos idées reçues, ou nos préventions, en même temps qu'ils nous initient à voir le monde autrement. Je ne sais plus qui a dit que « trois pommes de Cézanne fichent par terre le plafond de la Sixtine ». La boutade est un peu provocatrice, elle n'en est pas moins vraie dans son intuition. Il faut consentir parfois à ce que les traditions soient bouleversées, et nos certitudes remises en question. Il ne faut jamais hésiter à réviser ses critères de jugement et à repousser ses repères.

L'art est avant tout, pour moi, un témoignage, celui d'une expérience singulière, d'une force qui transforme le chaos du monde en création qui porte sens et valeur. Même si ce sens est parfois difficilement déchiffrable sur l'instant, et ces valeurs difficilement discernables. Il faut parfois plusieurs générations pour les comprendre et surtout les assimiler. L'histoire de l'art et de la littérature foisonne en exemples de peintres et de poètes incompris ou même raillés de leur vivant, encensés et reconnus comme précurseurs après leur mort. Le temps esthétique n'est pas toujours identique au temps humain. Il obéit à d'autres critères et à d'autres rythmes.

Avec mon mari, nous partagions la même passion pour la musique et le théâtre. Nous allions entendre Racine, Beaumarchais, et Shakespeare que j'aime écouter en anglais, tant sa langue est puissante. A l'Élysée, le soir, nous écoutions fréquemment de la musique. Mon mari affectionnait Mozart, j'avais plutôt une prédilection pour Bach, mais en fait nous écoutions tout, du grand répertoire aux œuvres de notre époque. C'est moi qui étais chargée de mettre les disques, et j'alternai les genres. Des amis m'avaient entraînée au Domaine musical. C'était une communauté artistique rappelant les académies de la Renaissance italienne, qui regroupaient compositeurs, interprètes, gens de lettres et de théâtre, pour inventer l'art de leur temps. Grâce au soutien d'une mécène, Madame Suzanne Tézenas, Pierre Boulez avait réuni un cénacle entièrement voué à la découverte des œuvres musicales de l'époque. C'est là que j'entendis *Le Marteau sans maître* qu'il avait composé et qu'il dirigeait. C'était en 1955. Quel souvenir ! Sa musique me fascina d'emblée, et je n'ai jamais renié cet enthousiasme.

Certains, malveillants ou mal informés, ont voulu nous cantonner dans le tout-contemporain. C'est stupide, et c'est faux. Certes, si nous avons acheté très tôt des tableaux de peintres vivants, c'est qu'ils nous étaient financièrement abordables. Nous n'avions pas les moyens d'acquérir un Vermeer, un Fragonard ou un Guardi. Nous allions les admirer dans les musées. Il est vrai toutefois que mon mari avait un don de curiosité, étonnant pour un garçon de son âge et de son origine provinciale. A dix-sept ans, à peine arrivé à Paris, il acheta *La Femme cent têtes* de Max Ernst, que celui-ci lui dédicaça des années plus tard, quand ils firent connaissance. Mais il n'aimait pas plus les étiquettes en art qu'en politique. Il suffit de regarder le choix qui a présidé à son *Anthologie de la poésie française* pour se rendre compte que ses goûts étaient très éclectiques et couvraient tout l'éventail de l'histoire culturelle. Sur ce point encore, nous nous rejoignions. Je ne me sens pas plus boulézienne que mozartienne, ou plutôt je suis l'une et l'autre. Ce que j'aime dans l'art, c'est précisément sa richesse et sa diversité, la faculté de changer d'univers et d'époques. Il y a le passé, et son legs. Il y a le présent, et ses découvertes. Au nom de quoi choisir l'un contre l'autre ? Je n'aime pas beaucoup ceux qui se croient originaux en déclarant vouloir abolir les traditions. Mais je n'aime guère non plus ceux qui récusent par principe les recherches. Dans les deux cas, je vois de l'étroitesse d'esprit et de la prétention, le contraire de ce que m'a appris la fréquentation des artistes et de leurs œuvres.

Mon mari croyait à la vertu quasi salvatrice de l'art. Il aurait souscrit à ce mot que l'on a prêté au président John Fitzgerald Kennedy : « Poetry is what saves power from itself. » Après la douloureuse affaire de Gabrielle Russier, ce jeune professeur qui mit fin à ses jours car elle ne supportait plus d'être persécutée pour l'amour qu'elle partageait avec l'un de ses élèves, un journaliste interrogea mon mari, lors d'une conférence de presse à l'Élysée. Après un long silence, qui me parut interminable, il eut pour seule réponse cette citation d'Éluard :

Comprenne qui voudra
Moi mon remords à moi ce fut
La malheureuse qui resta
Sur le pavé
La victime raisonnable
à la robe déchirée
Au regard d'enfant perdue
Découronnée défigurée
Celle qui ressemble aux morts
Qui sont morts pour être aimés.

La poésie en dit toujours plus !

Une certaine presse se gaussa, insinuant qu'il avait appris ces vers uniquement pour la circonstance. C'était faux et stupide, sa mémoire était prodigieuse. Il avait de tout temps récité de la poésie, depuis l'École normale supérieure, en famille comme avec ses amis. A la maison, il arriva même à notre fils ou à moi-même de lui dire que c'était trop, ce qui le contrariait fort. On lui avait proposé de l'enregistrer pour la radio, car il possédait une voix et une diction extraordinaires. Il refusa, par pudeur. Je l'ai souvent regretté.

A force de fréquenter les milieux culturels, je fus amenée à m'y investir plus activement. Peu après la création de l'Institut de recherche et de création acoustique/musique au sein du Centre Georges-Pompidou – l'IRCAM dont j'aurai l'occasion de reparler –, j'assurai pendant plusieurs années des commandes à de jeunes compositeurs : Alain Louvier, Jonathan Harvey, Tristan Murail, Philippe Manoury... Puis, ce fut la peinture. A l'occasion de la succession de Nina Kandinsky, j'acceptai la présidence de la société qui porte le nom de son mari. Elle nous avait confié, lors d'un dîner chez moi avec quelques amis, qu'elle désirait farouchement que les tableaux de son mari restent en France. Avec un peu de gêne, on lui fit comprendre qu'il serait plus prudent qu'elle consigne cette volonté par écrit, les tableaux risquant de retourner en URSS s'il n'y avait pas de document formel. Elle se décida sur-le-champ, et rédigea son testament en faveur de la France sur la table de mon salon. C'était à la fois embarrassant et très émouvant : soixante-dix œuvres de Kandinsky ainsi que toute leur collection personnelle, parmi laquelle des tableaux de Klee, du Douanier Rousseau, et une fabuleuse documentation, en particulier les carnets de travail de son mari. Nous étions en 1979. Ensuite, il y eut ma participation aux grandes institutions évoquées plus haut, notamment la Peggy Guggenheim Fondation de Venise et celle de

New York, ainsi que le musée d'Art moderne de cette ville, le célèbre MoMa, dont je suis l'un des administrateurs.

Au cours de toutes ces années, j'ai pu approfondir ma connaissance de certains artistes. Je n'ai pas la prétention de tracer d'eux ici des portraits exhaustifs. Je souhaite pourtant livrer les impressions qu'ils m'ont laissées.

Nous avons rencontré Béjart en 1965, à l'occasion du *Sacre du printemps*, de Stravinski, au Palais des sports. Nous ressentîmes une grande émotion. C'était pendant les années de Matignon et, pour des raisons de protocole, on nous avait déconseillé de nous y rendre, ce dont nous n'avions pas tenu compte. Le ballet fut une véritable révolution, dans la musique comme dans la danse. Ce qui fascine d'emblée chez Béjart, c'est son regard, pénétrant, illuminé. On y perçoit tout : l'intelligence, la sûreté du jugement, la sagesse, une profonde sensibilité enfin. S'il fut un grand créateur, c'est qu'il a su conserver les grandes traditions, en les renouvelant complètement, peut-être grâce à sa culture, qui dépasse largement le seul domaine de la danse et va de la musique à la littérature, sans compter la dimension religieuse, très importante pour lui. Il connaît intimement l'Asie et l'Extrême-Orient, qui l'ont beaucoup influencé. Il possède une chaleur humaine qui fait que tous partagent son enthousiasme, et d'abord les danseurs de sa troupe dont il est à la fois le père et le mentor ; le public ensuite, auquel il sait faire partager ses émotions et ses visions au gré de vastes et puissantes chorégraphies, qui sont comme des célébrations liturgiques. Curieux de tout, il produit des œuvres très variées, qui vont de la grande fresque qu'est la *Neuvième Symphonie* à un solo écrit pour une ballerine d'exception, du monde musical de Pierre Henry à l'exploration des musiques étrangères.

Lié à lui, Pierre Boulez : je ne l'ai connu personnellement qu'en 1969, quand mon mari l'appela pour avoir son avis sur la place que pourrait prendre la création musicale dans le futur Centre Georges-Pompidou. Autant que musicien, il est poète et philosophe. Il peut parler de tout : de musique bien sûr, mais aussi de Mallarmé, de René Char, de Hölderlin ou de Cummings ; de théâtre et de philosophie et même de politique, qui n'est pourtant pas son domaine de prédilection. Ses cours au Collège de France sont éblouissants. C'est l'homme d'une alchimie constante entre intuition et réflexion. Il passe de l'une à l'autre avec passion et pureté, et les enrichit l'une de l'autre. Ses valeurs s'accordent aux miennes, et c'est pourquoi nous sommes devenus de vrais amis. La pudeur, une grande sensibilité cachée, la rigueur, l'honnêteté vis-à-vis de soi et des autres. Sa puissance de travail est extraordinaire. Tant qu'il n'a pas obtenu le résultat qu'il souhaite, il recommence, détaille. Loin de s'en exaspérer, ou du moins maîtrisant leur sentiment, ses interlocuteurs et ses collaborateurs en arrivent vite à se dépasser pour répondre à ses exigences. Éminemment multiple, il est tour à tour chef d'orchestre, compositeur mais aussi pédagogue, patron d'institutions (l'IRCAM, l'Ensemble Inter-Contemporain, deux institutions dont je parlerai plus tard), retiré dans la solitude de l'écriture ou de la lecture ou se lançant dans des batailles administratives et politiques pour que ses projets aboutissent (la Cité de la musique à la Villette). L'une de ses plus grandes réalisations artistiques, en tant que chef d'orchestre, fut *Le Ring* de Wagner, qu'il dirigea à Bayreuth, dans la mise en scène de Patrice Chéreau, l'un de mes plus beaux souvenirs de théâtre. J'y ai été invitée pendant les cinq ans de sa représentation, et m'y suis rendue plusieurs fois. Je me rappelle encore le chahut qui accueillit la première soirée. Ce n'était que sifflets et huées, phénomène tout à fait inhabituel dans ce temple wagnérien. Cinq ans après, la dernière représentation fut saluée par une heure et demie d'applaudissements et de rappels, triomphe tout aussi extravagant que les huées du début. Précis jusqu'au pragmatisme, Pierre Boulez est également lucide jusqu'à l'autocritique. Il représente pour moi l'image de l'homme moderne, rapide, toujours en avance sur son temps, épris de liberté, et « citoyen du monde ». Le plus étrange est qu'il n'est pas conscient du magnétisme qu'il exerce, aussi bien lorsqu'il dirige un concert ou un opéra que lorsqu'on le fréquente au quotidien. Il échappe ainsi à toute catégorie comme à toute classification. La plus belle phrase sur lui est de Maurice Béjart : « Boulez, étalon-or de la lucidité, de l'honnêteté professionnelle, de l'inspiration à la fois libre et maîtrisée. »

Après la danse et la musique, la peinture. Il y a trente ans que je connais Soulages. Cet homme est un roc et un chêne, solide, charpenté, paysan au sens noble et altier du terme. Il confie que son nom veut dire « fait le soleil », et on le croit volontiers. Il est volubile comme le sont les hommes du soleil et s'ouvre sans fard, avec l'accent de son pays qui scande ses propos. On est chaque fois sous le charme. Je me rappelle que, lorsque mon mari fut nommé Premier ministre, en 1962, c'est un tableau de Soulages qu'il choisit pour figurer dans son bureau Louis XV ; ce qui fit un petit scandale dans le monde politique.

Depuis, Soulages a conquis le grand public, réalisé les vitraux de l'église abbatiale de Conques, que je retourne contempler fréquemment, et le musée d'Art moderne de la Ville de Paris lui a rendu un hommage mérité, avec une grande rétrospective de son œuvre. Il est pour moi l'ami des anciennes années et celui de tout temps, depuis qu'il était peu connu et que mon mari et moi l'appréciions déjà pour ses qualités artistiques et ses vertus d'homme, jusqu'à aujourd'hui, où nous nous retrouvons régulièrement.

Autre amie, Niki de Saint-Phalle, que je ne peux séparer de Jean Tinguely, tant ils furent unis, associés, dans ce que le critique Pierre Restany a appelé « les noces de Vénus et de Vulcain ». A preuve, la fontaine de la place Stravinski, près du Centre Georges-Pompidou, où leurs œuvres respectives cohabitent dans une allègre fantaisie mobile et colorée à la fois, pour la plus grande joie des visiteurs. Niki est une femme d'une sensibilité et d'une imagination débordantes, à la limite de l'irrationnel, mais qu'importe ! N'est-ce pas souvent le lot des très grands artistes, qui échappent par là à la banalité du quotidien, et la chance pour ceux qui les fréquentent d'accéder à un autre univers que le leur, d'étendre leurs dimensions ? Il faut ces prétendus « excentriques » pour nous faire sortir de nos réserves trop prudentes ou de nos frilosités. En apparence fragile, Niki de Saint-Phalle ne cesse de travailler, jour après jour, heure après heure, et nourrit toujours plusieurs projets à la fois, en France, aux États-Unis, en Israël et en Italie. Sa générosité est immense et elle trouve toujours des occasions très délicates de la manifester.

Il faut avoir vu, à Garavicchio en Italie, le « château de ses rêves » et le « jardin des tarots », œuvre monumentale qu'elle a construite et où j'ai eu la chance d'aller lui rendre visite.

A travers ces quelques notations, j'ai souhaité exprimer l'une de mes convictions, celle de la nécessité des artistes dans une société. S'ils n'y trouvent pas toujours leur place exacte – puisqu'ils sont par nature un peu « à part » –, ils lui sont toutefois indispensables pour renouveler ses mentalités, ses formes et ses modes de représentation, et ainsi se dépasser.

8

Certains estiment que la mode est une chose futile, un passe-temps pour oisifs ou un luxe de privilégiés. Elle peut l'être, si elle se limite à suivre par snobisme quelques courants passagers ou à s'attacher à ses simples aspects matériels. Mais Paul Morand, Jean Cocteau ou Roland Barthes nous ont appris qu'elle est aussi une manière d'être ou de faire des individus et de la société. Elle est un style de vie et donc de rapport aux autres. Bien que passagère par essence, elle règne sur tout, aucun domaine ne lui échappe, tous s'y laissent prendre. Ceux-là mêmes qui prétendent s'en moquer dans le domaine du vêtement la suivront aveuglément dans le domaine de la culture, vantant très haut, par exemple, les mérites du rap ou du tag, ou encore de tel dramaturge ou cinéaste « lancé ».

C'est dans les années quatre-vingt qu'un conseiller du président de la République d'alors, avec qui je parlais de musique, me dit : « Je crois surtout à la musique rock. » Était-il sérieux ou victime de la mode ? Heureusement, il ne fut pas suivi dans sa conviction quelque peu exclusive, et le président de la

République de l'époque décida la création de la Cité de la musique de la Villette, où est désormais installé l'Ensemble Inter-Contemporain de Pierre Boulez et où je me rends fréquemment. J'ai toujours beaucoup de plaisir à y réentendre – dans des conditions acoustiques idéales – des œuvres que j'ai entendues à leur création, ou de découvrir celles qui y sont créées, souvent par de jeunes compositeurs que je connais et que je suis depuis leurs débuts.

Pour moi, la mode est l'expression d'une liberté, d'une fantaisie, comme au temps des « incoyables » et des « meveilleuses ». Mais elle peut être aussi le symbole d'une révolte contre son époque, comme en mai 1968. Quand Chanel débarrassa la femme du corset, quand Cardin inventa des tenues planétaires avant même que les hommes aient marché sur la lune, quand Courrèges construisit des robes sur les principes de l'architecture, quand Yves Saint Laurent exécuta la robe « Mondrian », c'était bien plus que des simples caprices de couturier. C'est toute une façon de vivre qui était remise en cause, toute une époque de la condition de la femme qui basculait dans le passé. En ce sens, la mode est une forme plus vivante que les arts dits consacrés comme tels, plus proche du quotidien des gens, plus abordable, plus assimilable donc.

La mode affecte aussi les comportements sociaux et quotidiens. Depuis quelques années, elle est à la liberté en tous domaines. Les tabous sont dénoncés, les bonnes manières récusées au profit d'un mode de vie moins contraignant, où tout serait permis, parfois jusqu'au terrorisme. Le sexe est imposé partout comme un véritable impératif, en littérature, au cinéma, dans le langage quotidien. On n'envisage plus une relation où il n'ait sa part, une conversation qui n'en parle pas. Ce qu'on appelait jadis la pudeur, ce goût de la réserve pour ses propres convictions, semble avoir disparu. On croit pouvoir tout dire à n'importe qui et dans n'importe quelles circonstances. L'essentiel est d'aller vite, de gagner du temps. On ne s'embarrasse donc plus de préliminaires ni de formules de politesse. Le phénomène gagne même les hommes d'État, qui adoptent le parler à la mode, la familiarité des propos et des gestes, se tutoient et s'embrassent en public, sans aucun souci de la retenue à laquelle leur rang et leurs fonctions de représentants des citoyens devraient les obliger. Il y a même une mode de l'action caritative, celle des *exclus*, mot devenu banal à force d'être employé à tout instant, et qui sert souvent à cacher des situations de profonde détresse. Finira-t-on par parler des « petits frères des exclus », par honte d'employer le terme de pauvres ?

Là où la mode est le plus perceptible, c'est dans la manière de s'habiller. La fantaisie s'y donne libre cours. Depuis trente ans, le jean est devenu l'uniforme de tous, des ouvriers aux élégantes. Le « bleu » de Nîmes est devenu un véritable phénomène de société, transcendant les modes, probablement parce que c'est pratique, résistant, confortable et bon marché. A long terme, ne s'impose que ce qui a un sens.

Ce sont les couturiers – de la haute couture ou du prêt-à-porter – qui font et défont les modes. En 1955, Christian Dior lança le « new look » ; dans le même temps, Chanel revint sur la scène et imposa le fameux petit tailleur. Ainsi va la mode, imposant régulièrement des formes et des lignes nouvelles, véritable artisanat d'art dont la France détient et maintient le secret et la tradition.

J'avais commencé à m'habiller chez les couturiers quand mon mari travaillait dans la banque, car j'en avais alors les moyens. Par la suite, aussi bien quand nous fûmes à Matignon et plus encore à l'Élysée, je considérais que je me devais de représenter la haute couture française, tout particulièrement lors des voyages officiels. Je m'efforçais de ne pas privilégier un couturier par rapport à d'autres, et m'habillais chez plusieurs. Il me faut préciser que tous m'habillaient gratuitement, et qu'ils continuent de le faire aujourd'hui. Heureusement, car il n'est pas prévu de frais de représentation pour l'épouse du Premier ministre ni pour celle du président de la République. Et à présent, je n'aurais pas les moyens de me fournir en haute couture.

Je fis la connaissance de Mademoiselle Chanel et visitai, plus tard, l'orphelinat d'Aubazine, en Corrèze, où elle avait été élevée. Face à ces bâtiments d'une extrême austérité, on imaginait à quel point son enfance avait dû être dure et on comprenait mieux son personnage qui, sous l'apparence d'une grande fragilité, était d'une solidité absolue. Elle devait sa réussite stupéfiante à son intelligence et à sa capacité phénoménale de travail. Son instinct était très sûr. Elle avait été l'une des premières à comprendre l'importance des Ballets russes et à aider financièrement Diaghilev à produire ses créations à Paris (elle avait même dessiné les costumes de certains ballets), comme elle fut la première à saluer les Beatles. J'assistais aux présentations de ses collections dès 1960.

Lors des essayages, elle se montrait d'une grande dureté avec ses ouvrières, pour ma plus grande gêne. En fait, elle connaissait une immense solitude et ne trouvait sens et force que dans son travail. Elle était consciente d'avoir apporté une véritable révolution dans la vie des femmes en les libérant de certains carcans. D'une élégance suprême, avec un soin raffiné des détails, elle adorait contredire et provoquer, ayant souvent des mots terribles. Nous l'avions invitée à un dîner à l'Élysée après qu'elle m'eut plusieurs fois laissé entendre qu'elle aimerait y venir. Le lendemain, elle confiait à un ami : « De mon temps, on n'invitait pas les fournisseurs. » Lorsqu'on nous rapporta ce mot, mon mari et moi avons beaucoup ri.

SOUVENIRS

1

Du jour de septembre 1944 où mon mari rencontra le général de Gaulle et se consacra à le servir, toute notre existence fut placée sous le signe du Général. Cet engagement avait même été scellé avant cette date, dès que nous avions entendu le fameux appel du 18 juin 1940, que nous ne reçûmes d'ailleurs que plus tard, chacun de notre côté, sur les ondes de la BBC.

Il ne devait jamais plus se démentir, commandant et inspirant tout le destin de mon mari, ses pensées comme ses actes, depuis son entrée au cabinet civil du Général, après la guerre, jusqu'à l'exercice des fonctions de Premier ministre, de président de la République ensuite. Cette longue fidélité alla de la préparation des élections de 1958 et de 1963 à l'accompagnement du Général dans ses voyages en France comme à l'étranger. Le Général était présent dans notre vie privée, au point de susciter les plaisanteries qu'appelle le quotidien. Ainsi, lorsqu'en vacances à La Baule la mer était trop froide et que mon fils et moi-même hésitions à nous baigner, mon mari nous entraînait d'un sonore : « Vive le Général ! » Ou encore, quand nous jouions aux cartes avec Léopold Senghor, celui qui avait trois sans atout lançait : « Vive les jambes du Général ! » Anecdotes naïves, certes, qui témoignent toutefois de l'emprise qu'eut sur notre existence cet homme exceptionnel que nous fréquentâmes pendant un quart de siècle.

Je m'étonne, et m'amuse, de la sorte d'appropriation dont il est aujourd'hui l'objet de la part de la classe politique. Tous s'arrachent son héritage ou son patronage, de ses pires ennemis jusqu'à ses vrais amis. Chacun le revendique pour soi seul. Il doit se sentir bien écartelé ! Comme il avait beaucoup d'humour, j'imagine qu'il doit sourire de cette situation.

Je l'ai rencontré peu après la Libération. Lui et Madame de Gaulle nous avaient invités dans la « villa de Neuilly » qu'ils occupaient à la lisière de Neuilly et du bois de Boulogne. Je pense n'avoir jamais été aussi intimidée de ma vie. Il faut s'imaginer ce que représentait, à l'époque, une rencontre avec le général de Gaulle. Détail mineur, il fallait alors porter un chapeau et j'avais dû en trouver un à la mode du temps, assez ridicule, très haut (« pour provoquer l'occupant », plaisantait-on), ce qui contribuait à accroître ma gêne. Mon mari semblait plus à l'aise que moi. Il connaissait déjà le Général, il est vrai. J'étais si troublée que je ne suis pas sûre d'avoir entendu toute la conversation. J'avais l'impression d'un examen de passage, alors qu'il ne s'agissait que d'une rencontre de courtoisie.

Mme de Gaulle fit immédiatement tout pour me mettre à l'aise. C'était une « dame », dont la marque principale était la simplicité, par où elle et moi nous rejoignions. Elle était aussi une femme de devoir et j'en avais connu dans ma famille, formées à l'austère discipline des institutions religieuses et entièrement vouées à leur rôle. Durant vingt-cinq ans, j'appris beaucoup d'elle, en la regardant vivre auprès du Général. Elle tenait son rang discrètement mais pleinement, sans jamais aucun écart ni impair. Elle veillait au moindre détail. Avant un voyage officiel, elle s'enquérait, par exemple, de la dimension du lit réservé au Général.

Elle pouvait aussi faire montre d'humour. A la veille d'un déplacement du Général à l'étranger, elle me confia dans un demi-sourire : « Pourvu qu'il ne sorte pas l'une de ses petites phrases ! » C'était après le fameux : « Vive le Québec libre ! »

Elle appréciait beaucoup mon mari, et je crois qu'elle m'appréciait aussi. Je lui portais, pour ma part, une vive affection. J'ai toujours admiré qu'elle ait connu un destin aussi extraordinaire, tout en restant elle-même à chaque instant, dans chaque circonstance.

Quand je lui rendis visite, à Colombey, après la mort du Général, j'étais si bouleversée que je me contrôlais difficilement. Le voyage en voiture me parut interminable. J'arrivai à La Boisserie le cœur battant, par un jour gris et froid de novembre. Madame de Gaulle m'accueillit dans la cour, avec cette dignité dont elle ne se départait jamais, quels que soient ses sentiments. Je restais en face d'elle sans voix. J'aurais voulu tout faire pour elle, dans ce moment, tant elle était seule, et par exemple rester auprès d'elle jusqu'au lendemain. C'était l'élan du cœur. Puis nous entrâmes, et elle me fit le récit de la mort de son mari, dans tous les détails, me montrant l'endroit où il s'était effondré. J'étais sens dessus dessous et ne savais pas comment prendre congé. C'est elle qui m'y aida, avec sa simplicité coutumière, me remerciant d'être venue. J'eus l'impression qu'elle était touchée de ma visite. Par la suite, mon mari et moi fûmes inquiets pour elle, pour sa situation matérielle. Et, de fait, vint un jour où elle eut du mal à subvenir aux frais d'entretien de La Boisserie. Avec pudeur mais résolution, elle se retira dans une maison tenue par des religieuses. Ne voulant pas causer de complications à ses enfants dont elle était pourtant très proche.

Quand le Général venait dîner à la maison, lui qui ne dînait jamais en ville, il souhaitait que la réunion reste familiale. Pour le protocole, il était ferme : « les dames d'abord ». J'ai toujours maintenu ce principe par la suite, même s'il heurta certains. Il y avait chez lui une courtoisie, une galanterie qui relevaient de la grande tradition française. Son attention aux autres était sincère et profonde. Il interrogeait précisément mon fils, mes neveux et nièces sur leur scolarité et, grâce à sa mémoire prodigieuse, il se souvenait d'une fois sur l'autre de leurs progrès ou de leurs difficultés. Cet homme qui pouvait être si hiératique se montrait aussi capable d'une grande attention.

En fait, il était hors du commun, une sorte de monument. Il voyait haut et grand, en quelque circonstance que ce soit. Jamais il ne collait à l'événement ou ne se laissait piéger par lui. Pour autant, il ne cherchait pas à « faire grand » et à composer. C'était inné chez lui, quoique réfléchi aussi. Sa lucidité était extrême, allant de la vision historique au plus solide pragmatisme. Il n'abandonnait jamais ses idéaux ni ses convictions, mais il savait s'adapter aux évolutions du temps. Il était totalement dépourvu de cet « esprit de parti » dont La Bruyère dit qu'il « abaisse les grands hommes jusqu'aux petitesses du peuple ». Il s'accordait à cet autre mot du même La Bruyère : « Le caractère des Français demande du sérieux dans le souverain. »

Ce qui était fascinant chez le général de Gaulle, c'est la singularité de son histoire. Certes, il s'entoura de collaborateurs, de quelques amis aussi, qui le suivirent quand il déclara que la France avait perdu une bataille mais pas la guerre, et qu'il fallait organiser la résistance. Mais je pense qu'il en décida tout seul. Il n'écoutait que son patriotisme, sa passion pour la France, les choix qui lui paraissaient servir le mieux ses intérêts, sa liberté, sa grandeur. De Saint-Cyr à Bordeaux, puis de Londres à Paris, il fut toujours celui qui mobilisait les énergies, rassemblait les convictions, entraînait les volontés. Quelle force de prémonition et d'impulsion ! J'ai souvent essayé d'imaginer cet homme seul avec lui-même, au moment de la défaite du pays. Comment a-t-il pu penser alors à ce qu'il fallait faire : partir à Londres, décréter la France libre et lancer l'appel du 18 juin ? Il était sûr de ses convictions, et cela se sentait, alors que l'espoir était mince. Même ses pires ennemis ont reconnu, un jour ou l'autre, son extraordinaire tempérament de chef et la hauteur presque visionnaire de ses idées. Il avait du génie, et l'audace que celui-ci procure.

La vérité, c'est qu'il a dû s'éprouver comme étant lui-même la France, qu'il emportait à Londres pour la ramener un jour. Cette conviction a été sa force et son moteur.

Dès la Première Guerre mondiale, il avait conçu l'idée d'une armée dotée de moyens techniques adaptés aux nouveaux temps. A Londres, cependant qu'il fédérait les mouvements de la Résistance, il faisait l'assaut de Churchill pour le rallier à sa cause et prévoyait déjà les lendemains de la Seconde Guerre mondiale et les nécessités d'une reconstruction du pays, tant économique qu'institutionnelle.

D'une certaine façon, il s'inscrit dans la lignée des rares personnages qui ont marqué l'histoire de leur empreinte, Alexandre, Cyrus, Jeanne d'Arc et, plus proches de nous, Louis XIV ou Napoléon. J'ai souvent soupçonné le Général de les prendre sinon pour modèles, du moins pour références, quelles que soient les divergences qui le séparaient de ces hautes figures historiques.

Je ne souhaiterais pas toutefois le statufier, comme on l'a fait trop souvent. Ce serait ignorer sa dimension profondément humaine, émotive parfois. Un seul souvenir : il s'attendrissait sur le sort des marins partis en mer, et se scandalisait que la presse ne fasse pas plus large audience à ceux qui y avaient péri. Il en était heurté, peiné même.

Je retrouvai, plus tard, cette même capacité de compassion chez mon mari. Lorsque nous traversions les campagnes les plus isolées de la France, alors qu'il était président de la République, il me disait souffrir des conditions de vie des habitants des lieux et me récitait les vers d'Apollinaire, extraits *d'Automne* : « Dans le brouillard s'en vont un paysan cagneux / Et son bœuf lentement dans le brouillard d'automne / qui cache les hameaux pauvres et vergogneux. » A l'issue du voyage, il envoyait note sur note à ses collaborateurs, pour que l'on agisse, intervienne, aménage.

On croit parfois les chefs d'État insensibles, pris dans le tourbillon des voyages officiels et coupés de leurs concitoyens par les fastes du palais de l'Élysée. Pour avoir connu le général de Gaulle à la tête du pays, puis vécu aux côtés de mon mari pendant qu'il exerçait la magistrature suprême, je peux affirmer que lorsqu'un homme d'intelligence en même temps que de cœur occupe cette charge, il peut allier la nécessaire distance qu'elle exige et l'attention la plus chaleureuse aux individus dont il se sent responsable à tout instant.

Avec le recul, je mesure le privilège d'avoir connu cet être d'exception qu'était le général de Gaulle. Personne ne peut l'imiter, il est inimitable. L'histoire montre que les institutions évoluent. Hegel disait que « l'histoire apprend aux hommes qu'ils n'apprennent jamais rien de l'histoire ». Je ne peux me résoudre à pareil scepticisme. Il va à l'encontre de mon tempérament, de mon expérience et aussi de la leçon de volonté et d'espoir qu'a donnée le Général. Je crois à la puissance des décisions comme à celle de l'imagination. Si la politique a une justification, c'est bien de chercher à transformer la société pour qu'elle connaisse plus de justice et plus d'équité. Mais pour agir sur ceux à qui l'on s'adresse, il faut apporter la preuve de ce que l'on dit, être soi-même la preuve de ce que l'on dit. Or la plupart du temps, les hommes politiques ne cherchent qu'à lancer des formules.

On eut ainsi la « nouvelle société », puis « changer la vie ». Ce sont souvent des fanfaronnades : « J'arrive, vous allez voir ce que vous allez voir. » Assenées chaque jour, reprises par la presse qui en est friande, ces formules finissant par entrer dans la tête des gens sans qu'ils y réfléchissent. C'est la méthode Coué appliquée à la politique. Puis on les oublie.

2

Quelle chance d'épouser un professeur installé à Marseille ! Ce fut un temps très heureux. Pour son premier poste, mon mari avait été nommé au lycée Saint-Charles. Pour moi, qui ne connaissais que la Bretagne et l'Anjou de mon enfance, ce fut un éblouissement. L'arrivée au petit matin, à la sortie d'un train couchettes, la découverte des rochers, de la corniche, de la mer, ce foisonnement de lumière et de couleurs, puis celle de notre appartement, au centre de la ville, avec son contraste entre la fraîcheur et l'obscurité intérieures dues aux volets clos et la chaleur et l'éclat du dehors, tout m'était un dépaysement bienheureux.

A l'époque, Marseille n'était pas considérée comme une ville « chic ». On la snobait un peu. Pourtant, nous y connûmes une société intellectuelle, littéraire notamment, qui gravitait autour de la revue des *Cahiers du Sud*, et une éminente société grecque.

Nous parcourions sans cesse la région : Les Baux-de-Provence, Cassis, les trois abbayes cisterciennes de Sénanque, de Sylvacane et du Thoronet, Saint-Maximin et la grotte de Marie-Madeleine… Nous vivions dans une insouciance, grevée toutefois par le pressentiment de la guerre qui menaçait déjà. Nous savions que cet état de grâce n'allait pas durer, qu'il fallait à la fois en profiter, mais prévoir un avenir plus sombre. J'éprouvai une liberté folle mais provisoire, comme des vacances merveilleuses dont je sentais qu'elles risquaient de se briser à tout instant.

Nous jouissions du bonheur d'être ensemble dans un cadre exceptionnel. Grâce à ses facilités de travail, mon mari avait du temps libre. Nous nous offrions des bains dans les calanques, des promenades et des conversations interminables. Les gens du Midi sont d'une sympathie immédiate, qu'accompagne leur accent chaleureux et chantant. On se croyait dans les films de Pagnol. Jamais, par la suite, je n'ai perdu mon affection pour le midi de la France. J'y suis retournée aussi souvent que je l'ai pu.

Nous nous étions connus, mon mari et moi, à Paris. J'y étais venue, après le baccalauréat, pour préparer une licence de droit. C'est ainsi que je rencontrai à plusieurs reprises, à travers des amis communs, un certain Georges Pompidou qui terminait son service militaire après de brillantes études. Je le trouvai d'emblée extraordinaire. Lui me voyait en Yvonne de Galais du *Grand Meaulnes !*

Puisque j'ai parlé de mes origines, parlons des siennes. Son père et sa mère étaient dans l'enseignement – goût, passion même qu'ils surent lui inculquer –, mais ses origines paysannes étaient toutes proches. L'un de ses grands-pères avait été garçon de ferme. L'intelligence, le travail, des bourses avaient permis à ses parents de s'élever dans la société. Mais l'éducation restait sévère. On n'avait pas le droit de sortir, de fumer ni même de jouer au rugby – grande privation dans cette région où ce sport est roi. On devait cueillir dans le jardin les haricots verts très avancés. Du coup on les mangeait toujours durs. On était très économe. Mais on avait un tel sens de la rigueur, du devoir, de la discipline que mon mari intégra sans peine l'École normale supérieure, obtint l'agrégation et le diplôme de l'École des sciences politiques. L'École normale d'administration n'existait pas encore.

Après Marseille, mon mari fut nommé à Paris. C'est là que la guerre nous surprit. Il fut mobilisé comme chasseur alpin et envoyé sur le front de l'Est. Deux autres jeunes épouses et moi tentions de rejoindre nos maris autant qu'il nous était possible. C'était souvent acrobatique. A Laon, il nous fallut ruser et sortir par la gare de marchandises. Ensuite, ce fut l'Alsace, tout un long hiver, durant ce qu'on appela la « drôle de guerre », puis la Bretagne d'où le régiment de mon mari devait partir pour la Norvège, décision qui fut annulée au dernier moment. La Somme, enfin. Mal renseignées, nous oscillions entre la crainte et l'espoir.

Le régiment de mon mari s'était bien battu et n'avait pas été capturé. Il se replia aux alentours de Limoges, à Nexon. La France étant coupée en deux, j'étais sans nouvelles de lui. J'appris, par hasard, le lieu de son repli. Je n'hésitai pas, je partis rejoindre mon mari seule en automobile. Quand il me vit arriver, sa surprise fut totale, comme si j'avais réalisé un exploit. Puis la joie de me revoir l'emporta.

Avant ce départ, j'avais prévenu mon père qui m'avait enjoint de ne surtout pas revenir en zone occupée. Il avait beaucoup d'ennuis avec les Allemands car il résistait ferme. La famille d'un haut personnage de l'État, qui était juif, était abritée par notre famille en Bretagne.

Mon mari me fit part de son projet de gagner Londres, où le général de Gaulle organisait la Résistance. Mais sa mère, malade depuis longtemps, souhaitait le revoir. Il abandonna donc l'idée du départ pour Londres. Après tout, on pouvait entrer en Résistance sur le territoire, et sans étiquette, ce que nous fîmes.

A Paris, nous étions « accrochés » à la BBC et à la voix inoubliable de la France libre dans la fameuse émission « Les Français parlent aux Français ». Nous servions de boîte aux lettres pour les résistants, nous en hébergions certains dans la chambre de service. Cela ne nous semblait pas héroïque. C'était normal, et indispensable. Nous vécûmes la guerre sans imaginer qu'elle durerait aussi longtemps.

Mon mari était alors professeur au lycée Henri-IV. Je me chargeai de la maison, où je faisais tout, leçon que je n'ai jamais oubliée. Il faut savoir se suffire à soi-même pour ne dépendre de personne. C'est une façon d'affirmer sa personnalité et d'assumer ses responsabilités. On perdait beaucoup de temps à se ravitailler, se chauffer… Tout le monde était à la même enseigne, celle de la pénurie.

Un jour de 1942, on sonna à notre porte. J'allai ouvrir. Un officier allemand, qui ne parlait pas un mot de français, voulait absolument entrer. Paniquée, j'appelai mon mari et me précipitai pour prendre mon fils dans mes bras. J'étais persuadée qu'il allait nous arriver quelque chose de grave, d'autant que nous abritions à ce moment-là un ami juif. Quand je revins, l'officier avait tiré de ses bottes des tablettes de chocolat et un volume de poèmes que Léopold Senghor lui avait confiés pour mon mari, du camp où il était prisonnier. L'officier allemand chargé de ce camp s'était lié d'amitié avec lui. Ils communiquaient... en latin et en grec. Le soulagement fut à la hauteur de ce qu'avait été la peur.

Ainsi vivions-nous, toujours sur le qui-vive et dans la précarité. Parfois, cependant, nous avions des moments d'exaltation. Ainsi un soir, assistant à une représentation du *Soulier de satin* de Claudel, à la Comédie-Française, où le parterre était rempli d'officiers allemands, nous eûmes un moment de très forte émotion quand résonna la dernière phrase : « Libération aux âmes captives ».

Mon père continuait de s'activer beaucoup, signant de faux certificats médicaux pour les Français soumis au STO. Un jour, il porta la main sur un militaire allemand qui voulait entrer dans son cabinet sans frapper alors qu'il consultait. J'étais présente lors de cet incident, et crus au pire. Nous croyions que nous allions tous être arrêtés. Mais lorsque l'affaire fut portée devant le bureau de la Kommandantur, c'est l'officier allemand qui fut reconnu coupable. J'en conçus une immense fierté pour mon père.

Je fus marquée par un fait hélas ordinaire en ces temps-là. L'une de mes tantes, résistante active, qui avait assuré notre éducation à la mort de ma mère, avait été arrêtée et transférée à Drancy, avant d'être envoyée à Ravensbrück. En route, elle avait lancé un message sur le ballast. Il nous parvint miraculeusement, grâce à la solidarité de cette époque. Mais elle, on ne la revit pas. A la Libération, j'appris par une de ses compagnes de déportation que les nazis l'avaient exécutée dans la chambre à gaz. Des cousins, des amis proches, ne revinrent pas non plus de déportation. Nul ne ressortit indemne de cette guerre. Nos mémoires, nos cœurs en furent à jamais marqués.

3

Après la guerre, mon mari envisageait sans enthousiasme de reprendre son poste au lycée Henri-IV. Il aimait profondément l'enseignement, mais il souhaitait participer de façon plus directe à la reconstruction du pays. Il faut se rappeler que nous connaissions alors une période de grande exaltation et de vive espérance.

Il apprit que l'un de ses anciens camarades de l'École normale supérieure, René Brouillet, occupait un poste au cabinet du général de Gaulle. Il lui écrivait la lettre suivante, datée du 11 septembre 1944.

« Mon cher ami, j'espérais un coup de téléphone de toi – sans trop y compter. Je suis passé au CNR samedi, mais ne t'ai pas trouvé. Je compte chercher, aujourd'hui encore, à te voir, et, si je n'y réussis pas, je te laisserai ce mot. J'ai, en tout cas, été content d'avoir, rue Claude-Bernard, où j'ai été aimablement reçu, de tes nouvelles.

« J'ai cependant autre chose à te dire – plus exactement, une demande à te faire : j'aimerais que tu me trouves quelque chose. Dans les circonstances actuelles, je me résigne mal à décliner *rosa*, la rose. Il me semble que je puis faire – momentanément au moins – autre chose.

« Non pour moi : tu sais que je n'ai pas d'ambition et ne demande rien d'important ni de lucratif. Mais ce pays aura besoin de tout le monde et je me sentirais diminué de ne rien faire.

« Tu connais mes opinions, ma conviction qu'il n'y a que par l'effort de tous, sans distinction aucune de partis, que l'on peut espérer refaire une France. Si tu estimes que je peux tenir un emploi, pense à moi.

« Je te répète que je ne demande rien de brillant, ni d'important, mais d'utile et que je n'apporte aucun génie, mais de la bonne volonté, et, je crois, du bon sens. Je m'adresse à toi parce que tu es, sans doute, le mieux placé de ceux que je connais pour pouvoir m'utiliser si tu le juges bon. »

Peu après, il entrait au cabinet du Général, qui avait demandé à René Brouillet de lui trouver « quelqu'un qui sache écrire » ! Notre vie allait changer de cours définitivement.

Mon mari a raconté, dans son livre *Pour rétablir une vérité*, sa découverte d'un monde dont il ignorait tout, le bonheur qu'il éprouva à travailler au service du général de Gaulle, et la vénération presque religieuse que celui-ci inspirait à tous ceux qui l'approchaient. Sitôt après la guerre, il était pour nous une figure vivante de l'histoire. Nous l'identifiions à la France libre et à la France à reconstruire. A son contact, mon mari se prit d'intérêt pour la politique, ou plus précisément pour la conception que le Général se faisait de la politique, toujours empreinte d'une vision haute et ample du pays. Ses fonctions furent de plus en plus importantes. Il fut ainsi chargé des relations avec les ministères de l'Information et de l'Éducation nationale. Il noua de très nombreux liens avec des personnalités du monde politique et administratif, enrichissant ses connaissances dans leurs domaines de compétence. C'est ainsi qu'il se préparait, sans le savoir à l'époque, sans même y penser un instant, au destin qui serait plus tard le sien.

Pour moi, je m'adaptais. J'ai toujours fait une confiance absolue à mon mari et n'ai jamais discuté ses choix ni ses décisions, même si je n'étais pas toujours emballée.

Outre ces nouvelles fonctions, mon mari continuait de rédiger des notes, sur des sujets très éclectiques, pour le Général qui appréciait son style, l'acuité de son jugement et son esprit de synthèse. Il fut également associé à ses voyages en province.

Vint alors ce que nous ressentîmes comme un choc terrible : la démission du Général, le 20 janvier 1946. Comme beaucoup, mon mari fut abasourdi et, plus secrètement, intimement peiné. Sa décision fut immédiate, n'abandonner en aucun cas, ni pour rien, le Général dans ce qu'on appellerait plus tard sa « traversée du désert ». De 1946 à 1958, ce furent douze années difficiles, chaotiques parfois, mais indélébilement marquées par la fidélité au général de Gaulle. Personne n'envisageait que ce serait aussi long, et le Général non plus, je crois.

Mon mari avait été intégré au Conseil d'État en 1946, selon un vœu qu'avait exprimé le Général avant de partir. Mais il demeura son chef de cabinet jusqu'en 1951. Il avait en charge les affaires personnelles, entre autres la publication de ses *Mémoires*, et surtout le Général lui avait confié son testament. Il était ainsi conduit à le rencontrer fréquemment et à être informé de beaucoup de choses. Avec son entrée au Conseil d'État, notre vie fut modifiée. Grâce à ses facultés de travail, mon mari s'adapta rapidement à son nouveau métier. J'avais regretté qu'il ne soit pas professeur, j'appréciai toutefois très vite sa nouvelle existence professionnelle. Le Conseil d'État est une grande maison où il noua des relations amicales et fructueuses.

Nous fréquentâmes alors régulièrement ses collègues, et je continue à en voir certains aujourd'hui encore. J'ai conservé un souvenir très heureux de cette société de gens cultivés, désintéressés et fort agréables par leur civilité et leur courtoisie.

C'est dans ces années que nous fîmes la connaissance de deux êtres d'exception, tous deux voués à l'art avec passion, le père Couturier et André Malraux.

Le père Couturier, dominicain, eut sur mon mari et moi une grande influence. Les longues conversations que nous eûmes avec lui, sur la religion, sur l'art, nous marquèrent. Il rayonnait d'un feu intérieur qui fascinait et révélait l'ardeur de sa foi, laquelle n'avait d'égale que son ardeur pour l'art. Il a mené un combat incessant pour imposer l'art contemporain dans les édifices religieux, qui en avaient bien besoin.

On lui doit ces lignes pertinentes : « En art, ce n'est pas l'intelligence qui juge et discerne, ce sont les sens. Très exactement, l'intuition sensible et non pas le raisonnement. En matière d'art, on ne juge pas comme on pense, mais comme on sent. » Il déplorait ce qu'il appelait « l'immense malentendu qui sépare l'art chrétien de son public » et n'avait pas de mots assez durs pour l'art saint-sulpicien et le « faux moderne » de la basilique du Sacré-Cœur à Paris ou de l'église Saint-Patrick, à New York. Curieux envers toutes les formes d'art : la statuaire et les temples grecs, l'architecture médiévale (il suggéra à Le Corbusier de s'inspirer de l'abbaye cistercienne du Thoronet pour concevoir les plans du couvent dominicain de l'Arbresle, près de Lyon), il était familier des grands artistes de son temps – Matisse, Picasso, Léger, Chagall, Braque... – et passionné par le Japon, l'Inde, l'Afrique noire, ce qu'il appelait les « arts indigènes ».

Il était d'une totale liberté d'esprit, conséquence de son absolu détachement.

Il fonda une revue, qui allait révolutionner les mentalités, *L'Art sacré*. Par ailleurs, on lui doit la chapelle de Vence, inaugurée en 1951, et décorée par Matisse ; l'église Notre-Dame-de-Toute-Grâce, sur le plateau d'Assy, pour laquelle il fit appel à Lipchtiz, Braque, Léger, Lurçat, Rouault et Bonnard (« on a écarté tout ce qui était académique », dit-il à son sujet) ; l'église de Ronchamp, construite par Le Corbusier, avec une mosaïque de Bazaine et des vitraux de Léger. De pareils hommes inscrivent leur marque dans une civilisation, par leur génie comme par leur spiritualité.

Malraux, nous l'avons connu après la Libération, alors qu'il venait d'épouser sa seconde femme, Madeleine, grande musicienne, pianiste de talent, et qui avait réuni sous son aile les deux fils d'André et son propre fils, tandis que la fille d'André, Florence, vivait chez sa mère Clara, première femme de Malraux.

Nous nous sommes beaucoup vus alors, à Boulogne, dans la maison où vivaient André et Madeleine, décorée de têtes khmers, de poupées indiennes, de tableaux de Dubuffet et de Fautrier. Dans le grand salon, trônait le piano à double clavier de Madeleine. C'était un cadre surprenant et magique. Nous nous rendions aussi régulièrement tous les quatre dans d'illustres restaurants, où Malraux avait sa table.

Faire le portrait d'André Malraux est impossible, tant l'homme était multiple. Nous avions une relation que je qualifierais presque de familiale, qui nous permettait de l'approcher au plus près possible, car il ne se livrait guère. Je me souviens pourtant d'un séjour chez eux, à Ciboure, dans une grande villa de vacances. Nous étions allés à la plage, nous baigner. Je ne pense pas qu'il y ait beaucoup de gens qui aient fait de la natation avec André Malraux ! A la villa, Malraux se lançait dans de fulgurantes et intarissables conversations qui traversaient les temps et abordaient aussi bien l'art que les civilisations ou la géographie de la planète. C'était captivant, mais aussi un peu enivrant. A la fin d'un de ces séjours, notre fils, qui avait alors une dizaine d'années, et à qui nous faisions remarquer la chance qu'il avait eue d'être là, nous déclara qu'il avait « des turbines dans la tête ».

On ne pouvait toutefois jamais vérifier la justesse des propos de Malraux. On n'en avait d'ailleurs pas le temps, tellement il était volubile. On n'était pas tout à fait dupes mais on se laissait aller à la magie de son verbe. Après tout, qu'importait qu'il y ait un peu de mythomanie dans son discours, puisque c'était un écrivain qui se voulait romancier, au moins dans ses premières années, car ensuite il se consacra à l'art et à l'engagement politique. « La culture est plus forte que la mort », disait-il.

Malgré certains moments farfelus, ou désinvoltes, son œuvre a évolué vers un aspect moins romanesque et plus philosophique, à partir du moment où elle fut envahie par l'histoire. C'est l'aspect que je préfère. Je pense, en particulier, aux *Noyers de l'Altenburg*. Si je connais bien l'œuvre de Malraux, c'est que j'en ai fait le résumé, en 1955, pour un classique que Hachette avait demandé à mon mari, dont il sélectionna les pages choisies et rédigea les commentaires.

Plus tard, quand mon mari, devenu Premier ministre en 1962, s'installa à Matignon, il mit à la disposition de Malraux le pavillon de La Lanterne, résidence de repos du Premier ministre dans le parc de Versailles, que nous n'utilisions pas, car nous avions peu de goût pour les palais officiels.

Mais revenons en arrière. En 1955, mon mari prit une décision radicale, il entra à la banque Rothschild. Il devait y rester sept ans, avant que le Général lui confie, en 1961, une mission de négociation secrète, dans le cadre de la préparation de la conférence d'Évian sur la question algérienne, puis l'appelle, en avril 1962, pour être son Premier ministre. C'est dire la totale confiance qu'il lui portait.

A propos des accords d'Evian, une anecdote me revient. C'est alors qu'il était à la banque Rothschild que le Général le sollicita pour cette mission secrète. Il se borna à me dire qu'il allait en Suisse « pour affaires ». Hasard des transports, se trouvait dans le train l'un de nos amis qui voulut engager la conversation avec lui, mais fut promptement écarté. Cet ami m'appela alors aussitôt qu'il put pour me demander l'explication de cet accueil glacial. Je ne pus que lui répondre que j'ignorais tout.

Cela pour montrer que mon mari avait une conscience aiguë du devoir d'État et de la discrétion qu'il impose. On était loin, alors, du « tout media » !

Selon moi, c'est une opportunité relationnelle qui le décida à ce changement de situation professionnelle, et une très grande curiosité à l'égard de mondes qu'il ne connaissait pas mais qui ne lui faisaient pas peur, étant donné son extraordinaire faculté d'adaptation. Après une carrière de professeur, des fonctions au cabinet du général de Gaulle puis au service du contentieux du Conseil d'État, il voulait connaître la finance.

De toute manière, il s'agissait de son choix et il ne m'appartenait pas de m'en mêler. Je peux être aussi soumise qu'indépendante, disons… une indépendante soumise ! En cette circonstance, et comme toujours, je lui fis confiance.

Notre vie allait être à nouveau modifiée. Nous découvrîmes ce qu'il est convenu d'appeler « le monde », quoique rien ne soit si peu homogène que cet univers social cosmopolite, où se croisent des personnalités issues d'origines et de cultures fort différentes. Pour moi, qui venais d'une famille bourgeoise de province, ce fut une sorte de tourbillon et, pour parler franc, je faillis un temps devenir snob. Mon mari, lui, conservait ses distances et ne se laissait guère épater. S'il appréciait certaines rencontres et la subite facilité de notre train de vie, il ne se leurrait pas sur le monde nouveau dans lequel nous étions entrés. Il ne voulait y voir que les indéniables qualités d'esprit et d'élégance que les gens du monde possèdent la plupart du temps. Pour le reste, sa faculté de jugement et son discernement demeuraient inaltérés, assortis de son solide bon sens et de son humour. La presse, souvent malveillante, le soupçonna d'être matois et rusé. C'était en fait une extrême lucidité sur les êtres et les choses, héritée de ses ascendances paysannes, nourrie de son éducation humaniste et confortée par son expérience de la vie. Il ne jugeait pas les gens, si juger veut dire approuver ou condamner. Mais il remettait propos et actes en perspective, dans leur situation singulière et déterminée. Sa capacité de recul était constante et se mettait en branle immédiatement, dès qu'il pressentait que quelque chose de faux ou d'artificiel s'installait. Elle s'exerçait sans la moindre méchanceté, avec une gentillesse, au contraire, que l'on a méconnue, car il la manifestait toujours avec pudeur.

En même temps que le « monde », nous découvrions l'univers de l'argent. Quand on est fonctionnaire dans l'enseignement, on ne peut en avoir aucune idée. L'ampleur internationale de ses réseaux et de ses enjeux me surprit et m'effraya un peu. Après tout, on pouvait très bien être heureux autrement, sans ces privilèges énormes, qui risquaient même de gâcher une certaine manière de vivre plus simple, mais dont les vertus et les valeurs étaient fiables. Je n'avais jamais eu de problèmes d'argent, ni dans ma famille ni après mon mariage, mais je n'avais pas connu non plus ce qu'on appelle le luxe. Soudain, je pus m'habiller en haute couture et fréquentai les créateurs de mode, Christian Dior et Chanel tout d'abord, dont je me contentais, jusque-là, d'aller voir les collections.

Je n'ai jamais été coquette, au sens où je ne passe pas mon temps devant les miroirs. Mais j'aime l'élégance extérieure, qui me paraît être un reflet de celle de l'esprit, une marque d'attention envers autrui, une façon de se présenter à lui sous son meilleur aspect. Puis elle correspondait aux devoirs de notre nouvelle existence, qui n'allaient que s'accroître par la suite. Je n'ai jamais songé à m'y dérober. On a écrit beaucoup de sottises sur mon compte à ce sujet. Des journalistes, des caricaturistes ont cherché à m'enfermer dans une image de luxe glacé et coûteux. C'est confondre le luxe, qui est une manière ostentatoire d'étaler la richesse, et l'élégance qui est un état d'esprit. Pour avoir beaucoup voyagé, j'ai pu admirer l'élégance suprême de certaines femmes indiennes, vêtues d'un simple sari, ou de certaines Africaines, vêtues d'un simple boubou. Au demeurant, je ne me sens jamais aussi bien qu'en pantalon et en chandail.

Notre nouveau mode de vie nous apportait la possibilité de voyager, de faire des croisières. Nous achetâmes une voiture de sport, une Porsche, que j'ai toujours et que je conduis parfois le week-end. Mon mari et moi nous en disputions la conduite. Nous aimions conduire vite, au grand mécontentement de notre fils, qui tentait toujours de nous raisonner.

On s'habitue très vite à l'argent, même s'il ne procure pas le vrai bonheur. C'est plutôt sa facilité qui séduit : partir pour Venise et y descendre dans le plus grand hôtel, disposer d'une gondole qui vous attend pour vous emmener visiter les musées et les églises, rencontrer une personnalité telle que Peggy Guggenheim dans son palais, qui allait devenir un musée ; ou encore visiter la Grèce dans des conditions idéales de confort et de beauté, en naviguant sur des magnifiques bateaux ; parcourir l'Espagne et l'Italie sans la moindre difficulté, découvrant chaque fois de nouveaux amis..., qui serait indifférent à pareille chance ?

Mais, au fond de moi-même, ce que je privilégiais par-dessus tout était notre vie privée, mon mari, mon fils et les réunions de famille. Une citation taoïste résumerait assez bien ma philosophie de la vie : « Qui sait se satisfaire est riche, qui amasse gros perdra gros, qui sait s'arrêter se préserve, qui se contente de peu n'a rien à perdre. »

C'est à cette époque que nous avons acheté notre maison de Cajarc, dans le Lot. Nous possédions déjà celle d'Orvilliers, acquise avec l'aide d'un oncle. J'avais été séduite, mais mon mari hésitait, redoutant le surcroît de charges que cette seconde acquisition entraînerait. Il avait raison, je le constate aujourd'hui. Mais dès qu'il la vit, il se laissa convaincre. Elle ne valait que dix mille francs de l'époque, pour cent hectares de terrain. Toutefois, mon mari décida – question de principe – que nous vendrions un tableau pour l'acquérir, un Hundertwasser. Il ne voulait pas donner l'impression de faire des affaires avec facilité. De même, il a toujours refusé d'acheter l'appartement du quai de Béthune où nous avons résidé et que j'occupe encore. On lui avait pourtant laissé entendre que le prix en serait « ajusté ». Sa réaction avait été immédiate, et sans appel : « On ne fait pas des affaires quand on est aux affaires. » Je suis donc toujours locataire de cet appartement.

4

Un appel téléphonique du général de Gaulle surprit mon mari lors d'un dîner chez des amis, en 1962. Il le voulait pour Premier ministre.

Le passé renouait les fils de la mémoire. Mon mari n'avait jamais cessé d'être fidèle au Général, depuis le jour de 1944 où il s'était mis à son service. Il avait connu le libérateur de la France, puis le président du Conseil. Il avait partagé l'enthousiasme de l'après-guerre, puis les difficultés de la « traversée du désert ». Il allait découvrir le président de la Cinquième République et être associé quotidiennement à la mise en œuvre de sa politique et du grand dessein qu'il nourrissait pour le pays.

Le Général aurait pu faire un autre choix. Comme l'a écrit l'un de ses ministres : « Il avait devant lui toute la palette de ceux qui pouvaient l'aider. S'il l'a choisi pour cette fonction, c'est qu'il le jugeait, par son indépendance de jugement, par sa fidélité personnelle, par son intelligence des situations, par son énergie tranquille, le meilleur. Il ne devait plus changer d'avis. »

Ce furent alors des années d'équipée : le référendum d'octobre 1962, pour l'élection du président de la République au suffrage universel, les élections qui s'ensuivirent, la désignation de mon mari comme Premier ministre du président de la République ainsi renouvelée ; puis, en 1965, la réélection du Général, qui confirma mon mari dans ses fonctions. Toutes les institutions du pays étaient remises en cause, et mon mari était en première ligne dans ces bouleversements. Il y apportait sa conviction intime de leur nécessité et son pragmatisme, deux vertus que le Général appréciait chez lui.

Par ailleurs, il mena campagne pour être élu député du Cantal, une tâche qu'il aima beaucoup, où il m'a dit avoir beaucoup appris, et pour laquelle il œuvra énormément.

Matignon, je n'y pensais guère ! J'entretenais encore ce rêve d'être femme de professeur dans le Midi, à Aix-en-Provence, ville que j'affectionne particulièrement. Ce qui m'inquiéta d'abord, ce furent les obligations et les contraintes : voyages, réceptions… Certes, j'en avais acquis une certaine expérience au cours de notre vie dans l'univers de la banque, mais cela demeurait d'ordre privé. Désormais, tout allait prendre un côté officiel, protocolaire, et surtout public. Les photographes, les caméras seraient sans cesse présents, traquant le moindre geste, le moindre mot, et bien sûr, si cela leur était possible, la moindre parole ou le pas de trop. Je craignais pour notre liberté, en particulier pour celle de notre vie de famille.

En fait, nous réussîmes à la préserver, comme à nous garder du risque d'enfermement. Nous continuâmes de recevoir nos amis, ce qui nous remettait les pieds sur terre, à supposer que nous ne les ayons plus. Ses anciens condisciples de l'École normale supérieure ne se privaient pas de « charrier » mon mari, ce qu'il appréciait beaucoup. Cela lui rappelait ses années anciennes tout en le gardant au contact avec la réalité.

Il travaillait sans relâche, apportant des dossiers à la maison, où nous avions décidé d'habiter plutôt qu'à l'hôtel Matignon. Il vivait sa charge comme ininterrompue, s'exerçant vingt-quatre heures sur vingt-quatre. Moi, je tenais mon rôle, le plus simplement que je pouvais. Je me rappelais la leçon de ma grand-mère, puis celle de Mme de Gaulle : ne pas être autre que ce que l'on est, mais l'être pleinement, honnête vis-à-vis de soi et des autres.

Les presque sept ans à Matignon passèrent très vite. C'est pendant cette période que je découvris la classe politique. Je fus vite édifiée ! Ce n'était que jalousies et mensonges, petites intrigues et querelles d'intérêts personnels. Je n'en fus tout d'abord que spectatrice. Je ne pouvais imaginer que j'allais en être une victime.

Le coup bas vint avec la calomnie qui nous atteignit à la fin de 1968, alors que mon mari se trouvait en réserve de la République. Quand on me rapporta les rumeurs qui circulaient, j'en ris tout d'abord, tant je les jugeais grotesques. Puis, je me révoltai car je compris qu'à travers moi, c'est mon mari que l'on cherchait à atteindre. Jusqu'où l'ignominie irait-elle ? Cette « affaire Markovic » empoisonna toute notre vie pendant des mois. Elle me reste encore sur le cœur.

A la suite de ces sinistres événements, ma naïveté en prit un coup. J'appris à la mettre en bride. Je ne suis pas méfiante par nature, et préfère toujours voir le bien chez les autres quand je fais leur connaissance. Mais je n'oublie pas ce que peut être l'injustice ni la méchanceté. Ceux qui ne pouvaient pardonner à mon mari d'avoir été « choisi » par le général de Gaulle essayèrent de le faire passer pour l'anti-de Gaulle. Il vaut mieux en rire !

5

Mai 68 explosa comme une bombe. Personne ne s'y attendait. Nous étions alors en voyage officiel en Afghanistan. On ne recevait les nouvelles que par un téléphone à l'époque encore hasardeux, et mon mari attendait avec impatience que le général de Gaulle le rappelle en France. Il était anxieux et l'accueil chaleureux qui nous avait été réservé dans ce pays (le spectacle du sport national, le bouzkashi, à Kunduz ; le survol d'extraordinaires sites archéologiques, la visite des grottes de Bamayan) ne parvenait pas à dissiper son inquiétude. C'est loin de Kaboul qu'arriva enfin l'ordre de rentrer à Paris. Hélas, un vent violent nous empêchait de reprendre l'avion et nous dûmes parcourir des heures de pistes, dans des voitures aléatoires, et surtout dans un climat de tension et d'urgence, pour revenir à Kaboul et nous embarquer enfin vers la France.

A notre arrivée, plusieurs ministres attendaient mon mari avec des mines défaites. Il semblait que personne ne comprenait rien à ce qui se passait, ni donc ce qu'il fallait faire. Mon mari saisit alors que la situation était très grave, et estima qu'il aurait fallu rentrer plus tôt. La période qui s'ensuivit à Matignon me parut interminable. Le moins que je puisse dire, c'est qu'il n'y eut soudain plus beaucoup de monde autour de nous, seuls les proches. Dans de telles circonstances, on constate la dureté de la vie politique, le peu de place qu'elle donne à la fidélité, sa part d'ingratitude, de lâcheté parfois. Mon mari réfléchissait à la profondeur du mouvement, essayait d'en discerner les causes et les conséquences, bien plus profondément qu'on le pensait çà et là. Il l'a exposé, plus tard, dans *Le Nœud gordien*.

Le spectacle de la capitale était saisissant : des barricades et des barrages partout, la Sorbonne et l'Odéon occupés. La police se montra remarquable, et aucune mort ne fut à déplorer, alors que les affrontements étaient aussi nombreux que violents.

Les négociations étaient incessantes, constamment à reprendre, tout accord étant remis en cause aussitôt que signé. On ne savait plus si on avançait ou si on piétinait. C'était épuisant physiquement et moralement, mais il fallait tenir et tout faire pour éviter une aggravation de la situation et de nouveaux conflits qui menaçaient à tout instant. La France était au bord du gouffre.

Mon mari ne voulait pas se laisser enfermer à Matignon. Nous continuions de rentrer régulièrement dans notre appartement du quai de Béthune, même très tard le soir, afin d'y retrouver un havre de paix et une ambiance familiale, ou pour dîner avec quelques amis. L'état d'esprit de mon mari résultait d'un mélange de résolution, de conscience aiguë des risques de la situation et de ses propres responsabilités et, malgré tout, d'espoir dans les vertus de dialogue et dans la volonté des Français d'éviter le pire. Il avait près de lui Michel Jobert, directeur du cabinet, à qui il est arrivé de rester coucher dans son bureau ; Édouard Balladur, conseiller social ; Jacques Chirac et quelques autres fidèles. C'est Balladur et Chirac qui allaient être chargés de mener les négociations avec les syndicats tout-puissants à l'époque.

J'ai vu mon mari harassé, inquiet, mais jamais découragé. Il en allait, pour lui, de la cohésion du pays, de sa capacité de sursaut. Je ne crois pas qu'il ait éprouvé un quelconque sentiment de résignation. Il avait appris du Général le refus du fatalisme. Puis, au cours de toutes ces années auprès de lui, « une certaine idée de la France », pour reprendre la formule célèbre. Les événements de Mai 1968, venant après des décennies de réflexion et de responsabilités, agirent sans doute sur lui comme un révélateur.

Enfin, le mouvement prit fin, mais nous savions qu'il allait avoir des prolongements profonds et durables dans le pays. Nous avions l'intuition qu'après Mai 68, plus rien ne serait comme avant. L'histoire a justifié cette intuition.

6

C'est au cours des années 50 que mon mari conçut l'idée du centre qui devait plus tard porter son nom. Il s'en était ouvert au général de Gaulle et à André Malraux, qui ne furent pas intéressés. Il y croyait pourtant avec passion. Quand j'allais le chercher à son bureau de la banque Rothschild et que nous passions en voiture le long du vaste plateau Beaubourg, alors à l'état de ruine, il me redisait sa conviction qu'il faudrait construire là un grand établissement voué à la culture et à la création, à rayonnement international et de vocation interdisciplinaire. Il y imaginait une bibliothèque, un musée, un lieu de recherche industrielle et technique… Il mûrissait sans cesse le projet, au gré de réflexions personnelles et de conversations. C'est ainsi qu'il y intégra plus tard la musique, dans ses composantes les plus contemporaines – et notamment de recherche acoustique –, l'architecture, le design. Mais ce n'est qu'après son élection à la présidence de la République qu'il put l'imposer. Ce fut l'une de ses premières décisions. Il la prit le jour où, de mon côté, je décidai de créer ma

Fondation. Malgré l'autorité de sa charge, la tâche ne fut pas aisée. Il y eut les résistances à vaincre, les critiques à affronter, les mentalités à changer. Le projet était trop précurseur pour son époque et chaque corps constitué le récusait : urbanistes, conservateurs de musées ou de bibliothèques... Mon mari dut intervenir à chaque étape de sa conception, puis de sa réalisation. Il suivait le dossier au jour le jour, et en parlait tout le temps. Il fut heureusement aidé par des hommes d'exception, tels qu'Edmond Michelet et Georges Duhamel, qui relayèrent sa passion car ils avaient compris l'enjeu que représentait le Centre pour le renouveau culturel de la France.

Le destin a voulu qu'il n'en voie pas l'achèvement, ce qui m'est toujours apparu comme une injustice du sort.

Après sa disparition, le projet faillit échouer plusieurs fois. Il fut entravé dans sa marche par des résistances politiques, administratives, financières. C'est Jacques Chirac, Premier ministre, qui le défendit, et peu après l'ouverture, en 1977, Edouard Balladur créa l'Association des Amis du Centre Georges-Pompidou dont il fut le président pendant plusieurs années. Si mon mari était resté en vie, il est évident que le Centre aurait été construit dans de meilleures conditions, et aussi qu'il eût été peut-être mieux géré. Trop souvent, il a été conduit de manière excessivement administrative et gestionnaire, et les idées fortes et la vision à long terme ont parfois un peu manqué. C'est Robert Bordaz que mon mari choisit pour mener à bien cette entreprise, connaissant ses grandes capacités et sa fidélité, et mon beau-frère Henri Domerg pour faire la liaison avec l'Élysée. Robert Bordaz fut parfait et s'il avait pu rester plus longtemps peut-être y aurait-il eu moins de dérives.

Certes, il y eut les grandes expositions associant Paris à d'autres capitales culturelles (Berlin, Moscou, New York...), la rétrospective consacrée à Vienne et qui montrait toutes les formes artistiques d'une époque, ou encore « Les Immatériaux », qui posait des questions de fond sur l'évolution intellectuelle, esthétique et technique de notre époque. Mais, la plupart du temps, les responsables des quatre départements du Centre ont eu tendance à s'enfermer dans leurs domaines spécialisés respectifs. C'est ainsi que le pari originaire, l'interdisciplinarité, s'est peu à peu estompé. Et si j'ai apprécié les grandes monographies réalisées par le musée national d'Art moderne, comme celles, plus thématiques, du Centre de création industrielle, j'estime toutefois qu'elles ne répondaient pas à la vraie vocation du Centre, telle que voulue par mon mari. D'autres institutions auraient pu les réaliser tout aussi bien, alors que le Centre doit être unique, faire œuvre originale. Sa spécificité, c'est de mettre en relation les modes et formes d'expression propres à chacune de ses composantes, de poser et d'illustrer des problématiques qui leur soient communes. Il doit être comme un orchestre, où tous les instruments participent au concert. Si l'un d'entre eux ne répond pas, la partition est incomplètement jouée. S'il répond mal, il y a fausse note. Il y aurait quelque chose de paradoxal à voir les quatre départements coexister en s'ignorant.

Le Centre a été pensé par mon mari comme une entité vivante, accueillant toutes les formes de culture contemporaine, pour les mettre en regard et en perspective. Cette vocation exige une répartition des tâches entre ses composantes et surtout une collaboration entre elles de tous les instants.

On a beaucoup écrit sur le Centre, on l'a beaucoup critiqué, non sans que ces critiques se contredisent. On l'a ainsi tour à tour accusé d'hyper-modernisme, puis d'être dépassé. On a déploré son gigantisme – et on l'amputa d'emblée d'un étage supplémentaire qui était prévu –, puis son étroitesse – et des travaux d'extension furent alors conduits afin de le doter d'une salle de cinéma et d'étendre les espaces de l'Ircam. On l'a dit élitiste, puis populiste… Qu'importe ! Je ne veux retenir que deux faits : son rayonnement, depuis son inauguration tant en France qu'à l'étranger ; les vingt-cinq mille visiteurs qu'il accueille chaque jour.

Quelles que soient les questions, aujourd'hui obsolètes, qu'il a suscitées à son origine, ou celles, très légitimes, qu'il soulève aujourd'hui pour sa rénovation, il s'impose comme l'un des premiers établissements culturels au monde, toujours unique en son genre. Pour rester fidèle à mon tempérament, je dirais que la vraie question n'est plus de le justifier, en répondant à des polémiques vieilles d'un quart de siècle, mais de le faire entrer résolument dans le troisième millénaire. C'est le souci qu'aurait eu mon mari, qui préférait toujours aller de l'avant plutôt que de regarder en arrière.

Qu'on ne se méprenne pas sur ces propos. Si je suis lucide, critique même sur certaines dérives du Centre, j'en reste l'une de ses fidèles les plus ferventes et les plus assidues. Je m'y rends très souvent, et pas seulement pour les vernissages. J'y emmène des amis de passage et j'y vais souvent à l'improviste, en sortant de mon bureau qui est proche, quand la journée a été pénible ou que je suis de mauvaise humeur. Il me suffit alors de passer quelques instants dans une exposition, ou dans les collections permanentes du musée, pour en ressortir rassérénée. Et j'y constate toujours le même enthousiasme chez ses visiteurs, dont la majorité est composée de jeunes.

Il ne faudrait pas limiter l'action de mon mari en faveur de la culture au seul Centre qui porte son nom. S'il le voulait « passionnément », selon son propre terme, il n'en était pas moins attentif aux grandes institutions du passé. Là encore, il tenait les deux bouts de la chaîne. « Nous sommes des conservateurs de civilisation, confia-t-il. La difficulté est d'être en même temps des créateurs. »

Il s'attacha de très près aux établissements qu'il considérait comme des gardiens de certains savoir-faire et traditions, à ses yeux essentiels. C'est ainsi qu'il demanda que des commandes soient passées à la manufacture de Sèvres, à celle des Gobelins, ou encore au Mobilier national, avec l'aide de son administrateur Jean Coural. De même, il fut attentif au renouvellement du répertoire de la Comédie-Française, où nous nous rendions fréquemment.

Il n'hésita pas à peser de toute son influence pour attirer en France des grands talents étrangers, ou y faire revenir ceux qui en étaient partis. Pierre Boulez, n'ayant pas obtenu d'André Malraux le poste de directeur de la musique au ministère de la Culture, s'était expatrié, accueilli à bras ouverts à l'étranger, en Allemagne notamment. Mon mari avait toujours en tête de le faire rentrer. L'occasion se présenta lorsque fut décidé d'inclure la musique dans les activités du Centre. En septembre 1969, Boulez fut appelé à rencontrer mon mari. Il crut à une plaisanterie et fit répondre qu'il était absent, mais quand on le rappela le lendemain, il comprit que c'était sérieux et date fut prise pour un dîner avec mon mari et moi-même, à l'Élysée. Nous étions tous les trois intimidés, en raison, sans doute, des relations toujours étranges, ou ambiguës, que le pouvoir entretient avec la création artistique et les créateurs. Très vite, mon mari en arriva aux faits, et demanda à Boulez ce qu'il imaginait pour la musique au sein du centre pluridisciplinaire qu'il voulait voir construire, et s'il accepterait d'y prendre des responsabilités. Il accepta : l'Institut de recherche et de création acoustique/musique allait naître de cette entrevue. Plus connu sous le sigle d'Ircam, c'est un lieu extraordinaire, véritable ville avec sa tour, ses circulations, ses studios et son espace de projection. C'est aussi une ruche où l'on travaille sans cesse à des activités multiples, quoique toutes dévolues à la contemporanéité. L'Ircam est à la fois un laboratoire de recherche fondamentale et appliquée (sur l'acoustique, les techniques instrumentales et vocales – on y a récemment fabriqué une voix artificielle qui fut utilisée dans un film), un pôle de formation et de création (pour les jeunes compositeurs qui y sont en résidence), un lieu de diffusion, de documentation, de publication… En même temps que l'Ircam, voué à la recherche, Pierre Boulez créa l'Ensemble Inter-Contemporain, orchestre d'une si haute performance qu'on l'a parfois qualifié de « formule 1 ». S'il est, par vocation, consacré à la diffusion de la musique de notre temps, il n'est pas sectaire ou confidentiel. Il suffit de consulter ses programmes depuis sa création, ou le calendrier de ses tournées en France et à l'étranger, pour constater qu'il a interprété des œuvres de compositeurs fort différents, devant des publics très variés. Il a fait œuvre d'initiateur, en même temps qu'il a peu à peu constitué le répertoire de la musique de notre siècle. J'ai assisté à beaucoup de ses concerts, chaque fois admirative devant la rigueur et l'enthousiasme des interprètes comme devant la cohérence et la richesse des programmes. Je ne suis pas sûre qu'il existe un outil de ce niveau d'exigence ailleurs au monde, dans l'univers musical tout du moins.

Deux autres grandes figures de la vie artistique, Pontus-Hulten et Rolf Liebermann, participèrent également aux projets de mon mari. Lors d'un voyage officiel en Suède, nous avions visité le Moderna Muset de Stockholm dont Pontus-Hulten avait la charge. Nous avions été séduits par l'originalité de son choix d'œuvres. Quand il fallut trouver un directeur pour le grand musée d'art moderne qui allait être créé au Centre, mon mari se souvint de Pontus-Hulten. Il faut dire qu'aucun des grands conservateurs français de l'époque n'avait voulu prendre le risque de se lancer dans l'aventure. Pontus, lui, accepta avec enthousiasme et créa le premier musée modulable, si vivant, si neuf dans sa conception.

L'Opéra de Paris se portait mal. Mon mari pensa qu'il fallait chercher quelqu'un à l'étranger, afin d'éviter les querelles de chapelle nationales. Il connaissait la réputation de Rolf Liebermann, sa puissance de travail, et ses compétences musicales. Il n'hésita pas à imposer sa nomination. Ce fut un déluge de critiques, plus ou moins de bon aloi et de bonne foi. Principal reproche : il n'était pas français. Quand on se rappelle que le renouveau de l'opéra en France est dû à un certain Italien, du nom de Lulli, l'accusation fait sourire.

Mon mari et lui s'entendirent d'emblée. Lors d'un dîner officiel, à Versailles, il suggéra à mon mari de commander une œuvre à Olivier Messiaen, qui était à notre table. Ce fut l'origine du magnifique opéra *Saint François d'Assise*.

Plus discrètement, mon mari se souciait de questions très techniques, dont les conséquences avaient une grande importance sur le développement culturel du pays : ainsi de la bonne application de la loi sur les dations, qui permet d'acquitter les droits de succession par le don d'œuvres d'art, dont il en avait conçu l'idée (il intervint personnellement dans la succession des œuvres de Picasso et de Poliakoff) – de la création du Fonds d'intervention culturelle, qui permit des initiatives très originales, notamment en province ; du régime fiscal de l'art cinématographique et du statut des salles d'art et d'essai ; du taux de la TVA appliquée à l'édition des livres…

Il se battit pour que les moyens financiers s'ensuivent. Une annotation de sa main au projet de budget pour la culture de 1974 porte ces mots : « Je n'accepterai pas un budget de misère. » De fait, celui-ci passa de 600 millions en 1969 à plus d'un milliard de francs en 1973.

Je rapprocherais volontiers deux de ses propos, l'un public, l'autre privé :

« L'art est l'expression d'une époque, d'une civilisation, fût-ce la révolte contre une civilisation, et le meilleur témoignage que l'homme – et aussi une nation – puisse donner de sa dignité. L'État ne peut pas, ou du moins ne doit pas, s'en désintéresser. »

Ailleurs, il confia : « Peut-être aussi, après tout, le fait que le chef de l'État s'intéresse à l'art n'est-il pas indifférent ni sans effet. En tout cas, cela ne peut pas nuire. »

Je retrouve dans ce rapprochement deux de ses qualités profondes : la volonté opiniâtre, qui appartenait à son tempérament, et le portait à bâtir des projets pour la France ; la modestie de qui a fréquenté les grands artistes et intellectuels de son temps, et sait que ce sont eux qui font l'essentiel de la vie culturelle d'un pays. Il connaissait suffisamment l'histoire pour savoir que « les grandes époques artistiques sont des périodes de prospérité économique et souvent de puissance politique », comme il l'écrivit, citant l'Athènes de Périclès, la Rome des empereurs, la Venise des Doges, la Florence des Médicis, la France de Saint Louis, de François Ier, de Louis XIV ou du siècle des Lumières. « Pourquoi pas la France d'aujourd'hui ? » interrogeait-il avec confiance et ardeur.

Il nourrissait une passion profonde pour l'architecture. Souvent, il me faisait part de ses avis et de ses jugements. Il estimait que les tours de Notre-Dame de Paris étaient trop courtes, regrettait que celle de la maison de l'ORTF ait été tronquée, et que le revêtement de la tour Montparnasse soit aussi sinistre. Il était particulièrement sensible aux questions de proportion et d'harmonie. De ses voyages aux États-Unis, il avait acquis le sens de ce que doivent apporter les tours dans un paysage urbain, symboles d'élévation, flèches qui projettent l'architecture vers le ciel, selon la vision des bâtisseurs de cathédrale. Pour le quartier de la Défense, il souhaitait « une forêt de tours », comme à San Giminiano, en Italie, où nous avions été enthousiasmés par cette petite ville et sa multitude de tours si bien équilibrées. Il affirmait que la perspective qui y menait devrait être parachevée par une œuvre monumentale, architecture ou sculpture. C'était prémonitoire puisque aujourd'hui, par la volonté du président François Mitterrand, la perspective de la Défense débouche sur une arche.

7

Vint l'Élysée. Je le pressentais, en le redoutant. Quand je passais en voiture devant le porche, je détournais le regard. C'était puéril, mais instinctif. Franchement, je ne souhaitais pas y aller. Peut-être l'ai-je d'ailleurs trop souvent dit. Toutefois je fus heureuse, et fière, que les Français aient élu mon mari président de la République.

Succéder au général de Gaulle n'était pas aisé, d'autant que, de Colombey, il continuait de dominer la vie nationale de sa haute stature historique et symbolique. Mon mari entendait demeurer fidèle à son esprit, comme il l'avait toujours été, sans chercher cependant à l'imiter, ce qui eût été stupide, et au demeurant impossible. Son souci majeur était de continuer à moderniser la France, comme il avait commencé à le faire quand il était Premier ministre, et dans tous les domaines. Il voulait ardemment qu'elle intègre les acquis des progrès récents afin de tenir sa place dans le monde. De ses nombreux voyages, de ses rencontres avec des experts de différents milieux, il avait compris la nécessité de cette modernisation. Dit ainsi, surtout aujourd'hui, où la course à la modernisation est devenue obsessionnelle, cela paraît une banalité. Dans la réalité, ce fut un combat incessant : contre les routines, contre les conservatismes, contre les appareils. Il fallait faire évoluer les mentalités… autant que les entreprises.

Je suis persuadée que l'expérience qu'il avait acquise, tant auprès du Général que comme député, ou encore durant son passage au Conseil d'État et à la banque, de même que sa connaissance d'hommes appartenant à des univers très différents lui furent précieuses pour concevoir, lancer et faire aboutir ses projets. Et, sans nul doute, sa culture, sa puissance personnelle de réflexion l'y aidèrent aussi. C'est l'ensemble de ces qualités que les Français appréciaient chez lui, et que les témoignages que je reçois quotidiennement me confirment. Ils se reconnaissaient en lui et apprécièrent très vite les résultats de son travail, alors que lui-même ne cherchait pas la publicité et refusait très souvent les demandes d'entretien des journalistes. « A quoi bon ? me disait-il. Il faut faire son travail, un point c'est tout. »

Bien qu'attaché aux traditions du terroir et aux anciennes valeurs de notre civilisation, il ressentait avec acuité les mutations de l'époque. Il avait aussi médité la leçon de Mai 1968, les questions, les attentes, les rêves qui avaient sous-tendu les événements et qui continuaient à traverser la société. Son souci était double : ne pas brader un héritage dont il savait la richesse, mais répondre par ailleurs aux besoins légitimes des temps nouveaux. Surtout, il ne voulait pas que le débat s'enferme dans des limites strictement nationales. Il aimait à répéter : « La

France ne doit pas être à la suite des autres pays, mais marcher en même temps qu'eux, et si possible, en avant. »

Ce qui impressionnait, chez mon mari, était son infatigable capacité de travail et une insatiable curiosité. Il voulait sans cesse tout savoir, tout comprendre. Les dossiers qu'on lui transmettait ne lui semblaient jamais assez nourris. Il les annotait en marge, exigeait plus de précisions, adressait des mots en ce sens à ses collaborateurs. Il préparait tout avec minutie, de la moindre réunion à la plus simple entrevue car, à ses yeux, il n'y avait aucune réunion ni rencontre qui soient banales, aucune occasion dont il ne puisse tirer un enseignement. On trouve la trace de cet acharnement au travail dans le volume publié par les Archives nationales de France, en 1996, sous le titre *Archives de la présidence de la République, Georges Pompidou*. Tous les sujets sont abordés, des questions d'énergie (gaz, pétrole, charbon) à celles des Départements et Territoires d'Outre-Mer, des problèmes de la télévision aux difficultés éprouvées par certaines œuvres d'action sociale. Surtout, récurrentes, les questions de l'environnement, de l'éducation, de la culture. Et, partout présent, le souci de la place de la France dans le monde, de son rôle. Dans la préface qu'il a accordée à cet ouvrage, Jacques Chirac écrit : « Georges Pompidou avait, lorsqu'il devint président de la République, une connaissance exceptionnelle des rouages de l'État. Il possédait, profondément ancrés en lui-même, l'intelligence des situations et le goût de l'écrit. Ceux qui ont eu le privilège de servir l'État à ses côtés ont tous été frappés par l'humilité de sa démarche, son souci du terme exact, sa méticulosité mise au service d'une intelligence visionnaire. Le président Pompidou travaillait beaucoup, le stylo à la main. Normalien et banquier, fils de la terre et féru d'art abstrait, il avait appris à conjuguer le rêve et la raison. Non pas pour briser le rêve mais pour être capable de lui faire prendre corps. »

C'est sous l'impulsion directe de mon mari que naquirent les grandes politiques de planification, d'innovation technique et scientifique, d'aménagement du territoire. Il voulait que la France sorte de ses archaïsmes, ou de ses complaisances envers elle-même et son passé, et qu'elle se forge une nouvelle image, ainsi qu'un esprit de conquête vis-à-vis de l'étranger. Il n'hésitait pas à se mêler du moindre détail d'un dossier. Ainsi, dans le début des années soixante-dix, la France rivalisait avec l'Allemagne dans le domaine des hautes technologies de l'audiovisuel, la première soutenant le procédé Secam, la seconde le procédé Pal. Mon mari se renseigna sur le contexte dans lequel se passaient les négociations. Puis il adressa cette note à l'un de ses collaborateurs : « En dehors des problèmes techniques et politiques, la course entre le Secam et le Pal est organisée d'une façon que je commence à comprendre. Secam : l'ambassadeur de France fait des démarches polies auprès des autorités du pays intéressé. Il suggère des entretiens entre techniciens. Il vante la qualité de notre procédé. Les industriels français ne bougent pas et attendant qu'on leur demande d'envoyer éventuellement une mission. Pal : la société allemande productrice s'installe sur place, elle offre quelques émetteurs ; elle vend à des conditions spéciales quelques centaines de milliers de postes récepteurs équipés pour le noir et le blanc et pour la couleur. L'heure du choix arrive. Notre mission se déplace. Elle va voir les fonctionnaires ou les techniciens. Elle se fait répondre que les appareils émetteurs et récepteurs allemands étant déjà en place, on est au désespoir de ne pouvoir faire plaisir à la France amie. Et voilà pourquoi notre fille est muette. »

On peut percevoir plusieurs aspects de mon mari dans cette petite note : son souci de s'informer et de comprendre par lui-même, la finesse du raisonnement lié à l'efficacité de l'action, son humour aussi.

Bien avant tous les responsables politiques, il fut sensible à la question de l'emploi. Il avait lucidement analysé les conséquences de la mécanisation et de la concentration des entreprises dans ce domaine. Dès 1962, il avait fait cette déclaration prémonitoire : « Il y aura, en permanence, en France, un problème de l'emploi. Il y faudra une attention constante. » Je pense souvent, à ce sujet, à cette phrase de Claudel : « Les Chinois observent ceci d'analogue à un principe, de ne pas employer un auxiliaire animal ou mécanique qui peut faire vivre un homme. » Il écrivait cela en 1899, alors qu'il était en poste en Chine.

Aguerrie par Matignon, je n'eus pas de réelles difficultés à assumer ma tâche à l'Élysée. Il faut dire que les collaborateurs y étaient d'une compétence et d'une efficacité exemplaires. A condition d'éviter l'imprévu ! Nous en fîmes l'expérience dès le premier soir de notre installation. J'avais invité à dîner des amis américains de passage à Paris, le couturier Oscar de la Renta et son épouse, mais j'avais omis de prévenir l'intendance. Quand ils arrivèrent, rien n'avait été préparé, et nous dûmes nous contenter d'une salade et d'une tranche de jambon. Ce fut l'occasion d'un fou rire mémorable et une bonne leçon de simplicité.

Nous décidâmes ensemble d'aménager quelques pièces du palais de l'Élysée afin d'y accueillir le mobilier de l'époque. C'était bien le moins, de la part du chef de l'État, de reconnaître le travail d'artistes et d'artisans de son temps. Nous choisîmes de le faire dans l'aile Jules-Grévy, qui n'offrait aucun aspect architectural spécifique. Nous prîmes même soin de faire installer des coquilles amovibles afin que rien ne soit irrémédiable. Mon mari, qui aimait à s'entourer d'œuvres d'artistes contemporains, commanda à Agam un salon cinétique, et à Paulin l'architecture intérieure des nouveaux appartements. Nous prîmes aussi beaucoup d'intérêt à restaurer toute la partie ancienne de l'Élysée, rassemblant des mobiliers épars, changeant les éclairages. Nous aimions déplacer les meubles vers minuit, pour être seuls et tranquilles.

C'est à cette occasion que j'entrai en relation avec des designers, grâce au concours du directeur du Mobilier national, merveilleuse institution dont j'ai pu admirer la compétence des personnes qui y travaillent. On ne vantait pas alors l'importance de l'artisanat d'art, comme on le fait aujourd'hui, à juste titre d'ailleurs. Elle était toutefois patente. Plusieurs de ces artisans d'exception m'ont alors confié leur enthousiasme à collaborer ainsi à des créations plutôt que de restaurer, une fois encore, un secrétaire Louis-XV, ce qu'ils faisaient avec un égal talent et la même attention minutieuse, comme j'ai pu le constater quand nous leur avons demandé la restauration de la partie ancienne officielle du palais.

Une fois à l'Élysée, le risque était plus grand que jamais de se couper de tout et de tous. Des journées remplies d'obligations, un travail intense et le protocole prégnant. Sur ce dernier point, je dois battre ma coulpe. Au début, mon tempérament indépendant s'accommoda mal de ses rigueurs. Je ne comprenais pas la précision minutieuse des horaires que l'on me fixait : départ à 10 heures... 17, rencontre de telle personnalité à 17 heures... 43 ! Jusqu'à ce que l'on m'explique : la journée était strictement minutée, ici pour que personne n'attende, là parce que mon mari refusait que l'on bloque tout un quartier sous prétexte qu'il allait le traverser. Là encore, ce fut une bonne leçon, qui peut être méditée par beaucoup de hauts responsables.

Pour conjurer le risque d'enfermement, et par plaisir aussi bien sûr, nous continuâmes de recevoir nos amis, qui mettaient toujours en boîte mon mari : Pierre Pouget, Roger Ikor, d'autres encore... Par ailleurs, nous préservions jalousement nos moments intimes. Certes, lui arrivait toujours le soir avec ses dossiers, mais nous maintenions nos séances de musique et les réunions de famille au cours desquelles mon mari s'acharnait toujours à réciter de la poésie. En parlant de musique, j'aimerais raconter une belle histoire qui se passa dans le courant de l'année 1972. Ayant eu vent de la célébrité du violoncelliste russe Rostropovitch, mon mari demanda à l'ambassadeur d'alors, Abrassimov, de l'autoriser à venir à Paris donner des concerts. Le succès ne se fit pas attendre, et nous reçumes très vite une invitation de l'ambassade d'URSS à Paris pour venir l'entendre. Mon mari et moi étions le seul public, avec les gens de l'ambassade, à écouter Rostropovitch interpréter Bach au violoncelle, avec ce toucher si subtil que l'on connaît. C'est un très grand souvenir, qu'il ne manque pas de me rappeler quand nous nous rencontrons. Fréquemment, mon mari allait visiter une exposition ou une galerie, très tôt le matin. A son retour, il me conseillait ou non de m'y rendre.

Pendant ces cinq années, il y eut les nombreuses visites officielles, vers l'étranger ou de l'étranger. Je me tins à ma ligne de conduite, celle de Mme de Gaulle : la simplicité encore et toujours. Je n'y eus aucune difficulté, je ne pouvais faire autrement. Puis mon mari m'y encourageait, de par son propre naturel. Je me souviens encore d'un petit scandale, alimenté par la presse, parce qu'il avait pris par le coude la reine Elizabeth d'Angleterre, lors de sa visite en France en 1972, pour la guider vers les salons de l'Élysée. Aujourd'hui où des chefs d'État se tutoient, s'embrassent en public, cela paraît comique. A l'époque, ce geste fut considéré comme lèse-majesté ! Il n'était, en fait, que celui d'une grande sollicitude. Un geste d'hospitalité, direct et simple, dans la tradition de la courtoisie française. Il suffit de relire les *Mémoires* de Saint-Simon pour en trouver de pareils à bien des pages. Pour faire revers à ce minuscule incident, une autre anecdote. Quand l'avion qui amenait la reine en France atterrit, il resta clos un long moment, à la surprise générale. On rapporta ensuite que la reine ayant appris que je portais un costume de même couleur que le sien, avait voulu se changer.

Vraie ou imaginée, cette historiette me ravit. C'était courtoisie contre courtoisie.

Malgré mes nouvelles charges, je continuais à m'occuper d'œuvres sociales et à veiller sur ma Fondation. Il suffisait d'un peu de malice ou de discrétion pour quitter l'Élysée sans être vue. On n'est pas obligé d'en sortir par la grande porte, sauf à vouloir être photographiée. Les mœurs françaises respectant à peu près la vie privée à l'époque, j'entendais bien en profiter pour continuer mon action en faveur des défavorisés. Cela compensait sainement, à mes yeux, les obligations liées à mon statut de femme du président de la République. J'étais ramenée des années en arrière, jusqu'à mon enfance, lorsque mon père offrait l'hospitalité au premier démuni venu, heureux de faire ainsi la connaissance de gens issus de mondes très divers et qu'il pouvait aider.

De tous les souvenirs qui me restent de notre présence à l'Élysée, le plus frappant est celui du premier soir. Je n'y avais pas pensé, mais ce fut soudain une évidence : nous allions dormir dans la chambre du général de Gaulle. J'avais beau avoir été rompue à de nombreuses expériences, ce soir-là, je fus terriblement impressionnée. Le passé nous surplombait de sa puissance, le trouble était très fort.

Après la disparition de mon mari, je ne suis jamais retournée à l'Élysée. Cela m'était impossible. Chacun en pensera ce qu'il veut, peu m'importe. J'estime avoir acquis la liberté de mon comportement, sur ce point comme sur d'autres.

Épilogue

Pour conclure ces pages, je souhaiterais élargir mon regard sur le monde. Tant il est vrai qu'aujourd'hui, on ne peut plus penser autrement qu'en termes de mondialisation. En effet, le développement considérable des techniques et des moyens de communication, l'interdépendance des pays d'une même zone géographique entre eux ont fait craquer certaines frontières et nous ont conduits à réviser nos critères géographiques et politiques.

Aujourd'hui, un consensus plus ou moins uniforme s'est établi, à l'échelle mondiale, sur la nécessité du régime démocratique. Un autre semble peu à peu se former, celui que la pérennité de la démocratie repose sur l'économie de marché, et le droit au profit. Je ne porte d'ailleurs aucun jugement sur cet état de fait, je le constate.

La fin du siècle a vu l'avènement des États-Unis comme unique superpuissance. La désagrégation du bloc soviétique, le développement des systèmes de détection et d'interception des missiles balistiques en phase de décollage ont engendré une domination sans contestation possible de l'échiquier nucléaire par les Américains. La guerre du Golfe a confirmé cette supériorité dans le domaine de l'armement conventionnel. Les pertes alliées ont été d'une cinquantaine d'hommes et de femmes contre plusieurs centaines de milliers dans le camp irakien. Jamais, au cours de l'histoire de l'humanité, une telle puissance militaire n'a été concentrée entre les mains d'une seule nation, excepté peut-être au temps de l'Empire romain.

Cette supériorité militaire est le fait, et sans doute aussi la conséquence, d'une puissance financière et économique énorme, et d'un modèle de société qui fonctionne globalement bien, malgré un taux de misère inquiétant. Je suis toujours un peu étonnée que l'on ne sache dépeindre les Américains que comme des capitalistes, et d'entendre sans cesse parler de leur prétendu impérialisme culturel. Certes, la civilisation américaine est fondée sur le profit, lequel s'autogénère. Il est permis d'être riche, car le riche est perçu comme créant de la richesse pour la communauté, non comme un exploiteur. L'immense pauvreté de millions d'Américains est plus un problème socioculturel, lié notamment à la mauvaise qualité de l'enseignement primaire et secondaire dans certaines zones défavorisées, qu'un problème socio-économique, dû à l'exploitation de l'homme par l'homme.

Bien sûr, l'arrivée de certaines valeurs culturelles américaines, qui s'est produite dès l'après-guerre, me dérange. En fait, elle correspond à un produit de consommation de masse, et donc au plus petit dénominateur commun de la civilisation américaine. Elle ne rend pas compte de toute la diversité, la variété et la richesse de cette civilisation. Parler ainsi d'impérialisme culturel est excessif, d'autant qu'il n'y a, de la part des Américains, aucune volonté de dominer, mais le plus souvent la seule et banale expression de puissants intérêts particuliers. Et j'aurais tendance à penser que la prétendue « invasion culturelle » est plutôt un corollaire de la mondialisation de l'économie, une sorte de mondialisation de la culture, mais par le bas. Au demeurant, les États-Unis sont aussi sujets que nous à cette « invasion ». Dans de nombreux États, les formulaires administratifs sont bilingues, en anglais et en espagnol. Il n'est pas rare de voir des panneaux publicitaires géants rédigés en espagnol, en coréen ou en chinois. Et, au plus profond du pays, les « Croissant Shop », les « Au Bon Pain » et les « Expresso Bars » voisinent sans complexe avec les « Mac Donald's ». La presse américaine est truffée d'expressions « en français dans le texte », sans que quiconque s'en étonne.

En France, nous avons eu tendance à nous replier sur nous-mêmes, toujours soupçonneux vis-à-vis de l'étranger, comme si notre « identité » était en permanence menacée. Les États-Unis, eux, se sont orientés vers une vision globale du monde, sans frilosité ni crispation. S'ils s'y considèrent au centre, c'est plus par pragmatisme que par chauvinisme. Leurs universités accueillent des étudiants du monde entier, parmi les plus brillants, elles forment une partie importante des élites intellectuelles et politiques du monde de demain. Pendant ce temps, chez nous, l'École nationale d'administration continue nostalgiquement de former les grands commis d'un État encore pensé sur le modèle colbertiste. Il serait temps que la

France cesse de charrier les habitudes poussiéreuses d'un passé révolu. C'est l'enjeu des débats contemporains sur acculturation et inculturation. Il faut se souvenir de cette leçon de l'histoire : il n'est pas de civilisation qui ne se laisse pénétrer par d'autres ou qui ne tente de les pénétrer. C'est de ces échanges simultanés et successifs que progresse et s'enrichit l'univers des hommes, différent de celui des nations. C'est cela que j'entends par mondialisation. On naît citoyen d'un village ou d'une ville, on devient citoyen du monde. C'est, pour moi, une force puissante pour lutter contre toutes les formes d'intolérance et de xénophobie.

Avec les États-Unis, le second continent qui me paraît déterminant pour l'avenir est l'Afrique. Le général de Gaulle l'avait pressenti, puis mon mari, qui s'y rendirent fréquemment. L'Afrique est à la fois une formidable mémoire vivante et un gigantesque potentiel de devenir. La beauté du mot « Afrique » évoque pour moi à la fois profondeur et mystère, générosité et diversité. Et cela convient à ce continent où le premier humain serait apparu, dit-on. Quand on pense à l'Égypte, à l'Abyssinie, à l'Éthiopie, on songe au berceau du monde. Nul ne peut résumer l'Afrique en quelques mots. Elle est trop complexe, trop multiple. Elle offre au regard tantôt d'immenses plateaux et forêts, tantôt de hautes montagnes, ailleurs des déserts torrides, qui rappellent l'expression de Baudelaire, « la brûlante Afrique ». La même richesse caractérise son histoire et sa vie artistiques. Ce n'est pas sans raison que nombre de peintres et de sculpteurs européens contemporains sont allés y chercher inspiration et leçons. Loin du modèle grec, ils retrouvaient, dans les fresques, les masques, la statuaire et jusque dans les objets quotidiens et les costumes, une source primordiale de la civilisation des hommes.

Je me rappelle avec émotion les nombreux voyage officiels que nous avons effectués en Afrique francophone, l'enthousiasme des populations, la chaleur de leur accueil, leurs extraordinaires costumes, leur musique toute en rythme, leurs danses effrénées. Et aussi, la magie qui existe toujours chez eux, héritière des croyances animistes qu'ils n'ont pas entièrement reniées malgré l'apparition du christianisme et de l'islam, magie si fascinante qu'on se risquerait à y croire. A propos de l'Afrique, je voudrais citer le nom de ceux qui connaissaient le mieux ce continent. Tout d'abord la haute personnalité de Pierre Messmer qui fut gouverneur de Mauritanie, de Côte-d'Ivoire et du Cameroun, et en qui mon mari avait grande confiance, et Jacques Foccard, le fidèle conseiller pour les relations avec les pays francophones.

Il est impossible de parler de l'Afrique sans évoquer la figure de Léopold Sédar Senghor, un « seigneur », comme son nom l'indique, et un grand poète qui a magnifiquement chanté son pays. Mon mari et lui étaient devenus très amis dès leur année commune de khâgne, au lycée Louis-le-Grand, dans les années trente. Les autorités religieuses de son pays ayant reconnu en lui un sujet brillant l'avaient envoyé en France parfaire ses études. Dans le dortoir du lycée Louis-le-Grand, mon mari et lui étaient en vis-à-vis. Ils avaient d'interminables conversations sur la politique et sur la poésie. On ne pouvait guère imaginer, alors, que ce jeune homme noir arrivant du fond du

Sénégal où résidait sa très nombreuse famille – la polygamie étant en vigueur – allait enseigner plus tard le français aux petits Français, puis devenir président de la République de son pays, de 1960 à 1980, et enfin membre de l'Académie française. Il est vrai qu'on ne pouvait pas imaginer non plus que son camarade et ami de Louis-le-Grand serait président de la République française.

Je suis persuadée qu'avec tous ces atouts et cette mémoire, l'Afrique jouera demain un rôle capital sur l'échiquier mondial. On ne fait que la découvrir.

Il y a enfin, et surtout, l'Europe. Mon mari fut rallié à sa cause dès qu'elle fut évoquée. Pour lui, l'Europe allait de soi, historiquement, politiquement, économiquement, mais aussi culturellement. Il ne cessa de multiplier les contacts, les échanges, afin qu'une coopération s'instaure, puis se stabilise, entre les principaux pays concernés. Elle passait, pour lui, par tous les domaines : l'industrie, le commerce et la technologie, mais aussi les arts, les rencontres de toutes sortes, officielles ou informelles. Il se lia d'amitié avec Edward Heath, Premier ministre de son pays, et lutta avec lui pour l'entrée de la Grande-Bretagne dans la communauté européenne. Ils formèrent un tandem remarquable, grâce à la force de leurs convictions, au-delà des divergences. Une anecdote amusante à ce propos. Mon mari était invité par M. Heath pour un week-end de travail, aux Chequer's, concernant l'entrée de la Grande-Bretagne dans le marché commun. Ils se rencontrèrent le matin pour le breakfast : mon mari s'était habillé en tenue de sport et M. Heath (pour recevoir un Français !) en costume bleu marine. Tout se passa comme si de rien n'était.

Plus tard dans la matinée, ils devaient se retrouver pour un entretien. Chacun, pensant bien faire, s'était changé. M. Heath arriva en tenue de sport et mon mari en costume bleu marine. Ils éclatèrent de rire. C'est une anecdote que mon mari me raconta à son retour et que M. Heath, avec lequel je suis restée en relations, n'a pas manqué de me rappeler.

Pour en revenir à l'Europe, elle me semble notre seule chance de faire contrepoids à l'hégémonie américaine, de préserver notre identité et de façonner le siècle à venir. L'Europe est la plus grande puissance industrielle et agricole de la planète, son réseau routier et son réseau de communications sont les meilleurs au monde, elle compte plus de citoyens que les États-Unis et son taux d'alphabétisation est plus élevé. A l'inverse des autres grandes puissances – les États-Unis, l'Inde, la Chine ou la Russie – qui ont une culture plus ou moins uniforme, l'Europe est une collection de traditions culturelles plurielles. L'interaction entre ces cultures et leur fusion provoqueront nécessairement un élan intellectuel et spirituel qui pourrait susciter un renouveau que beaucoup attendent.

Ma conviction profonde est que l'Europe se fera. C'est inéluctable. Et qu'elle transformera la géographie politique mondiale.

*

Je ne saurais achever sans faire retour sur l'existence que j'ai vécue avec Georges Pompidou. Sans nostalgie, avec reconnaissance plutôt. Elle fut en effet exaltante, et imprévue. Qui aurait pu imaginer que les deux provinciaux « montés à Paris », comme on disait alors, pour finir leurs études, connaîtraient la vie qui fut la nôtre, riche en rencontres et en enseignements de toutes sortes ?

Le bonheur n'est pas un état permanent, et notre existence eut ses moments de bonheur et ses épreuves. Mais les premiers l'emportent de loin sur les seconds.

Nous avons su, pendant près de quarante ans, préserver notre intimité familiale, quelles que soient les circonstances où nous nous trouvions. Comme nous avons su conserver les vertus auxquelles nous étions attachés : la simplicité, la sincérité, le goût de l'amitié.

La leçon que j'en tire, et que je voudrais faire partager aux jeunes générations, c'est l'importance, pour tout être humain, de se donner des buts très tôt, de les poursuivre avec acharnement, sans jamais renier sa morale, sans se laisser détourner par les facilités du temps ni décourager par les inévitables contrecoups du sort. Du jour où nous nous sommes rencontrés, mon mari et moi n'avons jamais dévié de cette ligne de conduite, en dépit des difficultés ou des critiques.

Cette maxime de Chamfort pourrait résumer ce qui fut notre conviction : « L'homme vit souvent avec lui-même, et il a besoin de vertu ; il vit avec les autres, et il a besoin d'honneur. »

Table

collection tempus
Perrin

Déjà paru

450. *Histoire des grands-parents* – Vincent Gourdon.
451. *Histoire des grands scientifiques français* – Éric Sartori.
452. *Bir Hakeim* – François Broche.
453. *La mort de Napoléon* – Thierry Lentz.
454. *L'épopée de l'archéologie* – Jean-Claude Simoën.
455. *L'Égypte ancienne au jour le jour* – Christian Jacq.
456. *Histoire de Beyrouth* – Samir Kassir.
457. *Vaincre ou mourir à Stalingrad* – William Craig.
458. *Franklin D. Roosevelt* – André Kaspi.
459. *Louis-Philippe et sa famille* – Anne Martin-Fugier.
460. *Dans la Grèce d'Hitler* – Mark Mazower.
461. *Malaise dans la civilité ?* – Claude Habib, Philippe Raynaud (dir.).
462. *Comprendre la guerre. Histoire et notions* – Laurent Henninger, Thierry Widemann.
463. *Le guide des élections américaines* – Nicole Bacharan, Dominique Simonnet.
464. *Malaparte* – Maurizio Serra.
465. *L'Algérie des passions, 1870-1939* – Pierre Darmon.
466. *Le roman de Marrakech* – Anne-Marie Corre.
467. *René Char* – Laurent Greilsamer.
468. *Marie-Thérèse d'Autriche* – Jean-Paul Bled.
469. *La synarchie, le mythe du complot permanent* – Olivier Dard.
470. *Le Versailles de Louis XIV* – Mathieu Da Vinha.
471. *Norbert Elias et le XXe siècle* (dir. Quentin Deluermoz).
472. *La reine Astrid* – Pascal Dayez-Burgeon.
473. *Le Chemin des Dames* (dir. Nicolas Offenstadt).
474. *Encyclopédie de la Grande Guerre*, tome I (dir. Stéphane Audoin-Rouzeau et Jean-Jacques Becker).
475. *Encyclopédie de la Grande Guerre*, tome II (dir. Stéphane Audoin-Rouzeau et Jean-Jacques Becker).
476. *Hitler*, tome I, *20 avril 1889-octobre 1938* – John Toland.

477. *Hitler*, tome II, *Novembre 1938-30 avril 1945* – John Toland.
478. *Jacques Cœur* – Jacques Heers.
479. *Les maréchaux soviétiques parlent* (prés. Laurent Henninger).
480. *La vie des Huns* – Marcel Brion.
481. *Histoire de Belgrade* – Jean-Christophe Buisson.
482. *Allemagne IIIe Reich* – Mathilde Aycard, Pierre Vallaud.
483. *Le Moyen Âge, ombres et lumières* – Jean Verdon.
484. *La saga des Habsbourg* – Jean des Cars.
485. *Aimé Césaire* – Romuald Fonkoua.
486. *L'art du commandement* – John Keegan.
487. *L'histoire des papes, de 1789 à nos jours* – Bernard Lecomte.
488. *Vercingétorix* – Paul M. Martin.
489. *Le défilé des réfractaires* – Bruno de Cessole.
490. *Hitler parle à ses généraux* (prés. Helmut Heiber).
491. *Hermann Goering* – François Kersaudy.
492. *L'affaire des Poisons* – Jean-Christian Petitfils.
493. *Les trente glorieuses chinoises* – Caroline Puel.
494. *La résistance allemande à Hitler* – Joachim Fest.
495. *Histoire des auteurs* – Isabelle Diu, Elisabeth Parinet.
497. *Dominique de Roux* – Jean-Luc Barré.
498. *Thierry Maulnier* – Etienne de Montety.
499. *Tocqueville* – Jean-Louis Benoît.
500. *Combattant de la France Libre* – Jean-Mathieu Boris.
501. *Himmler*, tome I, *1900-septembre 1939* – Peter Longerich.
502. *Himmler*, tome II, *septembre 1939-mai 1945* – Peter Longerich.
503. *Portraits-souvenirs* – Alain Duhamel.
504. *Le complexe de l'autruche* – Pierre Servent.
505. *L'abbé Mugnier* – Ghislain de Diesbach.
506. *Le Prince* – Nicolas Machiavel.
507. *La traque d'Eichmann* – Neal Bascomb.
508. *Churchill et Hitler* – François Delpla.
509. *Histoire de la Corse et des Corses* – Jean-Marie Arrighi, Olivier Jehasse.
510. *De la guerre en Amérique* – Thomas Rabino.
511. *Histoire du Japon médiéval* – Pierre-François Souyri.
512. *1492, un monde nouveau ?* – Bartolomé et Lucile Bennassar.
513. *Napoléon et la guerre d'Espagne* – Jean-Joël Brégeon.
514. *Bismarck* – Jean-Paul Bled.

515. *La Lorraine des ducs* – Henry Bogdan.
516. *Morts pour Vichy* – Alain Decaux.
517. *La duchesse de Chevreuse* – Denis Tillinac.
518. *Histoire intellectuelle des droites* – François Huguenin.
519. *Les crimes de la Wehrmacht* – Wolfram Wette.
520. *L'exode* – Éric Alary.
521. *Les soldats de la honte* – Jean-Yves Le Naour.
522. *Histoire des États-Unis*, tome I, *L'ascension, 1865-1974* – Pierre Melandri.
523. *Histoire des États-Unis*, tome II, *Le déclin ?, Depuis 1974* – Pierre Melandri.
524. *Talleyrand* – Louis Madelin.
525. *Histoire des murs* – Claude Quétel.
526. *Les miscellanées d'un Gallo-Romain* – Lucien Jerphagnon.
527. *Anne de Bretagne* – Philippe Tourault.
528. *Charlemagne* – Georges Minois.
529. *Diên Biên Phu* – Pierre Pellissier.
530. *La dernière chance* – Yves-Marie Bercé.
531. *À la recherche du temps sacré* – Jacques Le Goff.
532. *Les Hohenzollern* – Henry Bogdan.
533. *Paris révolutionnaire* – G. Lenotre.
534. *L'homme Napoléon* – Louis Chardigny.
535. *Hitler chef de guerre* – Philippe Masson.
536. *Histoire du Consulat et de l'Empire* – Jean-Paul Bertaud.
537. *Hitler et le Vatican* – Peter Godman.
538. *Souvenirs de la campagne de France* – Baron Fain.
539. *Les derniers secrets du Vatican* – Bernard Lecomte.
540. *Dictionnaire des fascismes et du nazisme*, tome I, *A-M* – Serge Berstein, Pierre Milza.
541. *Dictionnaire des fascismes et du nazisme*, tome II, *N-Z* – Serge Berstein, Pierre Milza.
542. *Ciano* – Michel Ostenc.
543. *Histoire de la marine allemande* – François-Emmanuel Brézet.
544. *Kang Sheng* – Roger Faligot, Rémi Kauffer.
545. *Histoire du Maroc* – Michel Abitbol.
546. *La naissance du capitalisme au Moyen Âge* – Jacques Heers.
547. *De Gaulle, la République et la France Libre* – Jean-Louis Crémieux-Brilhac.
548. *Charles Péguy* – Arnaud Teyssier.

549. *La saga des Windsor* – Jean des Cars.
550. *Berty Albrecht* – Dominique Missika.
551. *Histoire du football* – Paul Dietschy.
552. *Stauffenberg* – Jean-Louis Thiériot.
553. *Requiem pour un empire défunt* – François Fejtö.
554. *Histoire anecdotique de la Première Guerre mondiale* – Gérard Guicheteau, Jean-Claude Simoën.
555. *Paris libéré, 1944-1949* – Antony Beevor, Artemis Cooper.
556. *La guerre totale* – Erich Ludendorff.
557. *La cour de France* – Jean-François Solnon.
558. *La grande fracture* – Michel Winock.
559. *Histoire de la Prusse* – Christopher Clark.
560. *Le Monde. Les grandes crises politiques françaises, 1958-2014* (dir. Gérard Courtois).
561. *Alésia* – Jean-Louis Voisin.
562. *La première guerre d'Hitler* – Thomas Weber.
563. *Les guerres de Louis XIV* – John A. Lynn.
564. *Monarchies et royautés de la préhistoire à nos jours* – Roland Mousnier.
565. *La Waffen-SS*, tome I – Jean-Luc Leleu.
566. *La Waffen-SS*, tome II – Jean-Luc Leleu.
567. *Louis XIII*, tome I – Jean-Christian Petitfils.
568. *Louis XIII*, tome II – Jean-Christian Petitfils.
569. *Sigmaringen* – Jean-Paul Cointet.
570. *Colbert* – François d'Aubert.
571. *Marignan, 1515* – Didier Le Fur.
572. *Grandeur et misère de l'Armée rouge* – Jean Lopez, Lasha Otkhmezuri.
573. *À la recherche de Winston Churchill* (dir. Pierre Assouline).
574. *Le Régent* – Philippe Erlanger.
575. *Azincourt, 1415* – Dominique Paladilhe.
576. *Sept générations d'exécuteurs. Mémoires de Sanson* (prés. François-Henri Désérable).
577. *Napoléon à Sainte-Hélène* – Paul Ganière.
578. *Le nazisme, régime criminel* (dir. Marie-Bénédicte Vincent).
579. *Madame de Maintenon* – Jean-Paul Desprat.
580. *Le Moyen-Orient pendant la Seconde Guerre mondiale* – Christian Destremau.
581. *Le grand tournant* – Paul Kennedy.

582. *Madame Roland, une femme en Révolution* – Pierre Cornut-Gentille.
583. *Néfertiti et Akhénaton* – Christian Jacq.
584. *Montesquieu, le moderne* – Alain Juppé.
585. *Le fil de l'épée* – Charles de Gaulle.
586. *Histoire du Mont-Saint-Michel* – Patrick Sbalchiero.
587. *De Gaulle/Pétain, règlements de comptes* – Herbert R. Lottman.
588. *Russie, révolutions et stalinisme* – Mathilde Aycard, Pierre Vallaud.
589. *Journal politique*, tome I, *août 1937-septembre 1939* – Galeazzo Ciano.
590. *Journal politique*, tome II, *septembre 1939-février 1943* – Galeazzo Ciano.
591. *Les secrets du IIIe Reich* – François Kersaudy.
592. *Goebbels*, tome I, *1897-1937* – Peter Longerich.
593. *Goebbels*, tome II, *1937-1945* – Peter Longerich.
594. *La guerre du Viet Nâm* – John Prados.
595. *À l'intérieur du camp de Drancy* – Michel Laffitte, Annette Wieviorka.
596. *Dönitz* – François-Emmanuel Brézet.
597. *Histoire du débarquement* – Carlo D'Este.
598. *La saga des Romanov* – Jean des Cars.
599. *Mémoires* – Boni de Castellane.
600. *La révolte dans le désert* – Lawrence d'Arabie.
601. *Mémoires* – Joseph Fouché.
602. *Le congrès de Vienne* – Thierry Lentz.
603. *Mémoires sur la cour de Louis XIV* – Primi Visconti.
604. *Histoire de la Russie et de son empire* – Michel Heller.
605. *Voltaire* – Pierre Milza.
606. *Le Roi-Soleil et Dieu* – Alexandre Maral.
607. *De Lattre* – Pierre Pellissier.
608. *La France occupée* – August von Kageneck.
609. *Sadate* – Robert Solé.
610. *Les grandes figures de l'islam* – Malek Chebel.
611. *Trotski* – Robert Service.
612. *La bataille du Vatican* – Christine Pedotti.
613. *La bataille de Verdun* – Philippe Pétain.
614. *Des hommes irréguliers* – Étienne de Montety.
615. *Lauzun* – Jean-Christian Petitfils.

616. *Les voix de la foi* – François Huguenin.
617. *L'Europe barbare* – Keith Lowe.
618. *1914* – Jean-Yves Le Naour.
619. *Mahomet et Charlemagne* – Henri Pirenne.
620. *La guerre de Corée* – Ivan Cadeau.
621. *La seconde gloire de Rome* – Jean Delumeau.
622. *Biribi* – Dominique Kalifa.
623. *Joffre* – Rémy Porte.
624. *Paroles de Verdun* – Jean-Pierre Guéno.
625. *Le salaire de la destruction* – Adam Tooze.
626. *Les dernier des cathares, Pèire Autier* – Anne Brenon.
627. *Maurice et Jeannette, biographie du couple Thorez* – Annette Wieviorka.
628. *La dynastie rouge* – Pascal Dayez-Burgeon.
629. *Les secrets du Gotha* – Ghislain de Diesbach.
630. *Notre jeunesse* – Charles Péguy.
631. *Une histoire du Liban* – David Hirst.
632. *Aristide Briand* – Bernard Oudin.
633. *Boni de Castellane* – Eric Mension-Rigau.
634. *La grande histoire de la Belgique* – Patrick Weber.
635. *La police des mœurs* – Jean-Marc Berlière.
636. *Joseph II* – François Fejtö.
637. *Considérations sur Hitler* – Sebastian Haffner.
638. *Les batailles qui ont changé l'histoire* – Arnaud Blin.
639. *Entretiens avec Mussolini* – Emil Ludwig.
640. *Grandeurs et misères d'une victoire* – Georges Clemenceau.
641. *Les couples royaux dans l'histoire* – Jean-François Solnon.
642. *Roger II de Sicile* – Pierre Aubé.
643. *Carrier et la terreur nantaise* – Jean-Joël Brégeon.
644. *C'était le XXe siècle*, tome I – Alain Decaux.
645. *C'était le XXe siècle*, tome II – Alain Decaux.
646. *Reines d'Afrique* – Vincent Hugeux.
647. *Les ducs et duchesses de Bretagne* – Philippe Tourault.
648. *L'âme romaine* – Pierre Grimal.
649. *Lénine* – Robert Service.
650. *Les derniers jours* – Michel De Jaeghere.
651. *Histoire des Arabes* – Eugene Rogan.
652. *Leipzig* – Bruno Colson.
653. *La France et son armée* – Charles de Gaulle.

654. *Baden-Powell* – Philippe Maxence.
655. *Les vichysto-résistants* – Bénédicte Vergez-Chaignon.
656. *L'édit de Nantes* – Bernard Cottret.
657. *Chamfort* – Claude Arnaud.
658. *La captivité et la mort de Marie-Antoinette* – G. Lenotre.
659. *Les minitres de Napoléon* – Thierry Lentz.
660. *Les dynasties du luxe* – Yann Kerlau.
661. *Les aigles foudroyés* – Frédéric Mitterrand.
662. *Mémoires d'exil* – Frédéric Mitterrand.
663. *Histoire des Juifs* – Michel Abitbol.
664. *Dictionnaire de stratégie* – Gérard Chaliand, Arnaud Blin.
665. *Washington* – François Guizot.
666. *Russie, réformes et dictatures* – Andreï Kozovoï.
667. *L'enfance des chefs de la Ve République* – Robert Schneider.
668. *Histoire des présidents de la République* – Maxime Tandonnet.
669. *La haine et la honte* – Friedrich Reck-Malleczewen.
670. *La Grande Guerre oubliée* – Alexandre Sumpf.
671. *Histoires de l'Élysée* – François d'Orcival.
672. *Extension du domaine de la guerre* – Pierre Servent.
673. *Versailles au temps des rois* – G. Lenotre.
674. *La fin des empires* (dir. Patrice Gueniffey et Thierry Lentz).
675. *L'Élysée sous l'Occupation* – François d'Orcival.
676. *Histoire de la Russie des tsars* – Richard Pipes.
677. *L'épuration des intellectuels* – Pierre Assouline.
678. *Mourir pour Kobané* – Patrice Franceschi.
679. *Dépêches du Vietnam* – John Steinbeck.
680. *1715, La France et le monde* – Thierry Sarmant.
681. *Spartacus* – Eric Teyssier.
682. *Journal, 1939-1945* – Maurice Garçon.
683. *Les cent derniers jours d'Hitler* – Jean Lopez.
684. *Les sentinelles* – Dror Moreh.
685. *Un Siècle d'Or espagnol* – Bartolomé Bennassar.
686. *Jeanne d'Arc. Le procès de Rouen* – Jacques Trémolet de Villers.
687. *La guerre de face* – Martha Gellhorn.
688. *Le marécage des ayatollahs. Une histoire de la Révolution iranienne* – Pierre et Christian Pahlavi.
689. *Hitler et la France* – Jean-Paul Cointet.
690. *Necker* – Ghislain de Diesbach.
691. *La reine Victoria* – Jacques de Langlade.
692. *Histoire mondiale des services secrets* – Rémi Kauffer.

693. *Gorbatchev* – Bernard Lecomte.
694. *Mémoires* – Erich von Manstein.
695. *Mangeurs de viande* – Marylène Patou-Mathis.
696. *John Fitzgerald Kennedy* – Frédéric Martinez.
697. *L'Empire ottoman et l'Europe* – Jean-François Solnon.
698. *La Russie des tsars* (dir. Emmanuel Hecht).
699. *Testament politique* – Richelieu.
700. *Joukov* – Jean Lopez, Lasha Otkhmezuri.
701. *Le siècle de Louis XIV* (dir. Jean-Christian Petitfils).
702. *Les pathologies politiques françaises* – Alain Duhamel.
703. *1915* – Jean-Yves Le Naour.
704. *La France catholique* – Jean Sévillia.
705. *Dictionnaire amoureux de Jésus* – Jean-Christian Petitfils.
706. *La guerre Iran-Irak, 1980-1988* – Pierre Razoux.
707. *Les troubadours* – Michel Zink.
708. *Nouvelle histoire des idées* – Alain Blondy.
709. *La Grande Guerre* – François Cochet.
710. *La révolution anglaise* – Bernard Cottret.
711. *Histoire de la résistance* – Olivier Wieviorka.
712. *Histoire de la Phénicie* – Josette Elayi.
713. *Souvenirs d'une ambassade à Berlin* – André François-Poncet.
714. *Robespierre* – Jean-Clément Martin.
715. *Histoire des médecins* – Stanis Perez.
716. *Les légendes de la Grande Guerre* – Général Mordacq.
717. *Les châteaux de la Loire* – Jean des Cars.
718. *La guerre de Sept Ans* – Edmond Dziembowski.
719. *Mirabeau* – Jean-Paul Desprat.
720. *Sur la scène internationale avec Hitler* – Paul-Otto Schmidt.
721. *Mai 68. Mémoires* – Maurice Grimaud.
722. *La cause du peuple* – Patrick Buisson.
723. *L'élan du cœur. Propos et souvenirs* – Claude Pompidou.

Achevé d'imprimer en avril 2018
par Normandie Roto Impression s.a.s.
61250 Lonrai
N° d'impression : 1801179

Imprimé en France